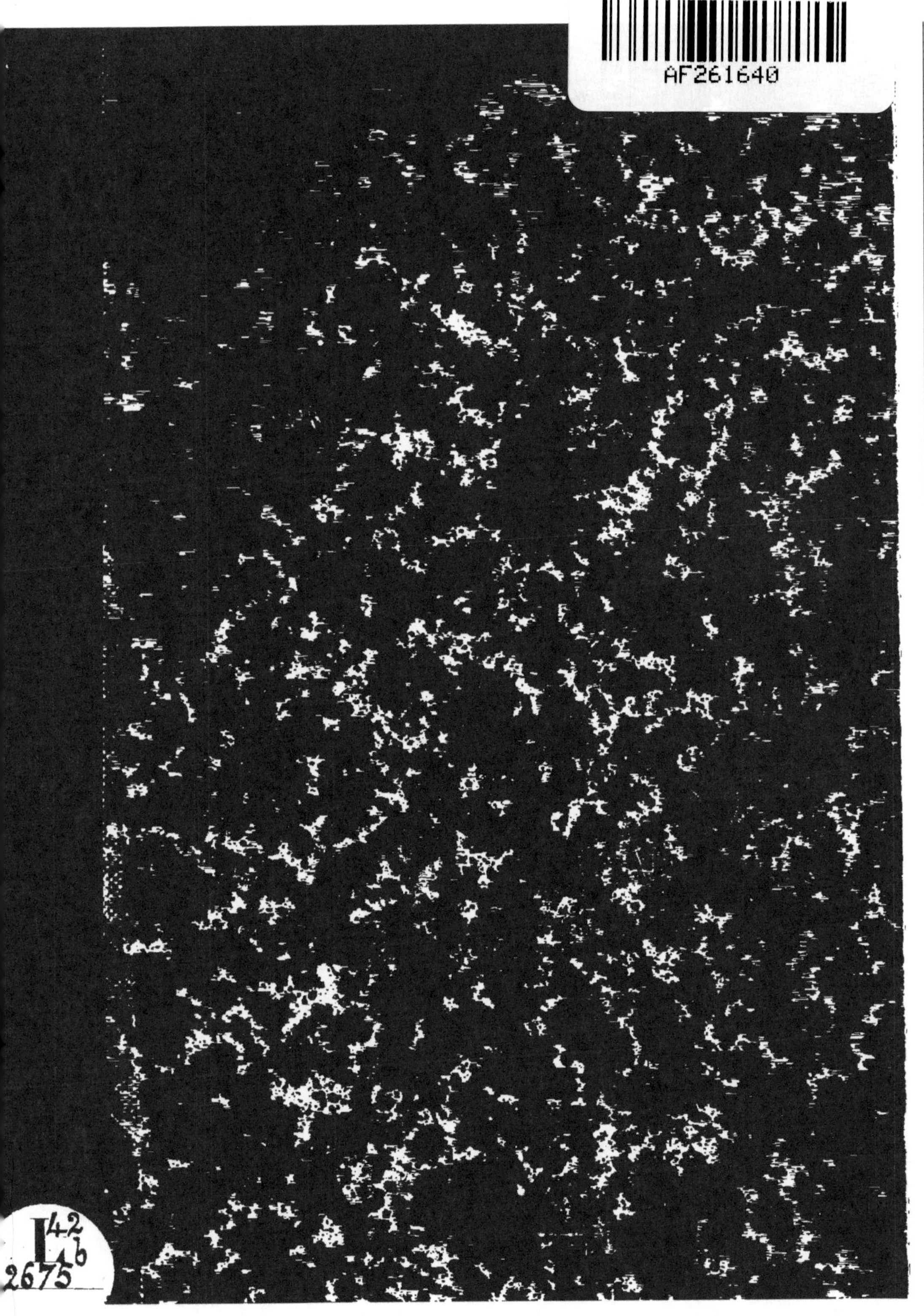

LA CONSTITUTION RÉPUBLICAINE DE L'AN III

ET

LE COUP D'ÉTAT DU 18 FRUCTIDOR

PARIS. — E. DE SOYE ET FILS, IMPR., 5, PL. DU PANTHÉON.

H. DE LACOMBE

LA
CONSTITUTION RÉPUBLICAINE
DE L'AN III

ET

LE COUP D'ÉTAT DU 18 FRUCTIDOR

EXTRAIT DU *CORRESPONDANT*

PARIS

LIBRAIRIE CHARLES DOUNIOL ET Cᴵᴱ, ÉDITEURS

29, RUE DE TOURNON, 29

1878

LA CONSTITUTION RÉPUBLICAINE DE L'AN III

ET

LE COUP D'ÉTAT DU 18 FRUCTIDOR

Trois fois, en moins d'un siècle, la France a fait sur elle-même l'essai de la République; et trois fois, elle a vu l'essai loyal qu'elle tentait avec la plus généreuse patience et dans les conditions les plus variées, se heurter, jusqu'à s'y briser, contre le difficile travail de faire vivre en paix, dans un mutuel honneur, un pouvoir exécutif et un pouvoir législatif, sortis l'un et l'autre de l'élection.

La Constitution républicaine de l'an III aboutit au coup d'État du 18 fructidor, par lequel, après de longs conflits, le pouvoir exécutif mit sous le joug le pouvoir législatif.

Sous la Constitution de 1848, les mêmes causes engendrèrent les mêmes effets ; et le coup d'État triomphant du 2 décembre montra, une fois de plus en République, l'évanouissement du pouvoir législatif devant le pouvoir exécutif.

Sous la Constitution de 1875, la République penche vers un désordre égal, quoique en sens inverse : et après la dissolution et les élections qui ont suivi l'acte du 16 mai, nous avons assisté, non pas à une transaction équitable entre les trois pouvoirs dont la réunion forme le gouvernement, mais à l'abdication du pouvoir exécutif au profit d'un seul des deux dépositaires du pouvoir législatif.

C'est le premier de ces épisodes de notre histoire parlementaire et révolutionnaire, que nous voudrions raconter [1].

---

[1] Nous n'avons pas besoin de rappeler aux lecteurs du *Correspondant* les remarquables études politiques, publiées ici même, et dans lesquelles MM. de Larcy et Thureau-Dangin se sont déjà occupés des événements dont nous allons parler.

I

Lorsqu'au sortir de la Terreur, la Convention nationale entreprit de donner une forme régulière à la première de nos Républiques, elle commença par abolir la monstrueuse confusion de tous les pouvoirs entre les mains d'une assemblée unique, dont elle avait offert l'image ; dont sa propre histoire, l'enchevêtrement de crimes qu'elle avait commis et subis, sa dérisoire souveraineté dans son épouvantable esclavage, avaient suffisamment démontré tous les périls. Déclarer tout haut, simplement, que les auteurs de la Révolution s'étaient trompés ; qu'ils avaient eu tort de repousser l'institution des deux Chambres ; que le patriotisme commandait d'y revenir, c'eût été trop se démentir soi-même, paraître trop sacrifier à l'imitation de l'aristocratique Angleterre. La Convention crut accorder son orgueil et son expérience, ses préjugés et ses intérêts, en décrétant que désormais le Corps législatif serait divisé en deux sections, l'une appelée le conseil des Anciens, et l'autre le conseil des Cinq-Cents.

Telles qu'elles étaient, toutes petites qu'elles se fissent, l'avénement de deux Chambres dans la République française était une étonnante victoire de la sagesse politique sur la passion révolutionnaire ; il avait fallu bien des épreuves pour l'obtenir. Le courageux Boissy d'Anglas, qui fut un des victorieux, ne décidait ses collègues qu'en leur déguisant le bon sens sous un sophisme : « L'objet de la pairie anglaise, leur disait-il dans son rapport sur le projet de Constitution, est de consolider la royauté ; celui du conseil des Anciens est d'empêcher son retour. » Cruelle ironie des événements ! Cinq ans après, le conseil des Anciens allait aider le général Bonaparte à renverser la République ; et c'était lui encore, devenu le Sénat de l'Empire, qui devait, en 1814, rappeler les Bourbons !

En regard de ce Corps législatif à deux branches, à côté des Conseils dont l'un, selon une formule ingénieuse [1], répondrait à la raison, et l'autre à l'imagination de la République, la Convention plaça le gouvernement. Comme elle avait appris des rudes leçons de nos premiers tâtonnements révolutionnaires à ne plus vouloir d'un pouvoir délibératif omnipotent, elle ne voulait plus également d'un pouvoir exécutif impuissant : elle dressa dans une sphère indépendante et supérieure celui qu'elle institua ; elle employa tous ses moyens à le rendre fort.

---

[1] Extrait du discours préliminaire au projet de Constitution, prononcé par Boissy d'Anglas le 23 juin 1795.

Mais, là encore, ses souvenirs, ses calculs, ses soucis particuliers l'obsédaient et la gênaient ; elle rêvait de sortir de l'anarchie sans se rapprocher de la monarchie. Si, dans son avouable dessein de rendre fort le pouvoir exécutif, elle le ramenait à l'unité, condition naturelle de la force, si elle le confiait à un seul homme, fût-ce même à un président annuellement nommé, n'allait-elle faire songer au Roi ? Au Roi dont elle avait abattu le trône, coupé la tête, proscrit le titre et les emblèmes, mais qu'elle sentait toujours vivant dans l'attente muette de la France.

Un conventionnel qui, sans être royaliste, était modéré, Daunou proposa l'établissement de deux consuls biennaux qui, pour se tempérer mutuellement, gouverneraient alternativement ; ils ne trouvèrent pas grâce devant la soupçonneuse assemblée.

Un autre conventionel demanda comme garantie, que le nombre des magistrats suprêmes fût porté à trois. Ce n'était pas encore assez pour écarter le fantôme redouté ; la Convention décida que le gouvernement de la République serait exercé par un directoire formé de cinq membres [1].

Aux deux Conseils réunis échut la mission de désigner les membres du Directoire ; la Convention avait rejeté le mode de nomination directe par le peuple, estimant que le peuple communiquerait trop d'importance à ses élus, et que ses élus pourraient bien être les Bourbons. Le conseil des Anciens était appelé à choisir les cinq directeurs sur une liste de cinquante candidats, que lui présenterait le conseil des Cinq-Cents.

Eux-mêmes, les deux Conseils, investis de leurs fonctions pour trois années, et renouvelables tous les ans par tiers, devaient recevoir leur mandat d'électeurs du second degré, qu'auraient nommés les assemblées primaires.

De tous les instruments dont les factions s'étaient servies, l'un des plus décriés était le suffrage universel : les Girondins mourants [2] l'avaient maudit, ils l'avaient accusé de toutes les calamités sous lesquelles ils périssaient. L'empire illimité du nombre avait fini par n'être que le règne dévergondé du crime. La Convention, la Convention elle-même, essaya d'introduire quelques principes d'ordre dans ce chaos ; elle exigea, pour l'électorat, le payement d'une contribution quelconque, foncière ou personnelle, et,

[1] Mémoires sur la Convention et le Directoire, par A. C. Thibaudeau. — T. Iᵉʳ, chap. xv.

[2] Dans un écrit posthume qui fut retrouvé, dans une caverne du Bordelais, auprès de son corps mangé par les loups, le girondin Buzot dénonçait le suffrage universel, et aussi l'omnipotence d'une assemblée unique, comme la cause de tous les malheurs de la France.

pour l'éligibilité, la possession d'une propriété immobilière : « Un pays gouverné par les propriétaires, osait dire Boissy d'Anglas, est dans l'ordre social ; celui où les non-propriétaires gouvernent, est dans l'état de nature [1]. »

Les pouvoirs législatif et exécutif ainsi déterminés dans leurs origines, la Convention n'eut plus qu'une pensée : assurer leur bonne intelligence ; ne plus leur permettre de s'absorber et de se dévorer comme par le passé ; prévenir leur choc et jusqu'à leur contact ; les enfermer dans leurs domaines respectifs où chacun serait à la fois souverain et prisonnier.

Au Conseil des Cinq-Cents fut dévolue la discussion des lois, au Conseil des Anciens leur rejet ou leur sanction ; le double travail de ces deux Conseils représentait la fonction complète du Corps législatif, ils la remplissaient en maîtres absolus. Le Directoire n'avait rien à y voir ; il n'y avait aucune prise ; il ne possédait ni un droit d'initiative, ni un droit de proposition, ni un droit d'observation, ni un droit d'amendement, ni un droit de veto. La loi était faite et parfaite sans son consentement ; il ne lui restait qu'à l'exécuter. Mais, dans l'exécution, le Directoire se retrouvait tout entier, il y jouissait d'une autorité qui était sans bornes : il nommait les ministres à son gré, les ministres ne relevaient que de lui, ils ne répondaient que devant lui. Etrangers aux Chambres, ils n'avaient pas d'explications à leur donner, pas de comptes à leur rendre ; ils ne comparaissaient pas à leur barre. Avaient-elles quelque grief à produire contre la marche des affaires ou contre la conduite des agents, une ressource, une seule, leur était offerte : mettre en accusation le Directoire exécutif qui était responsable.

La Convention était satisfaite de son ouvrage ; elle se flattait d'avoir enfin résolu le problème où la Révolution avait déjà usé deux constitutions successives. A entendre son consciencieux rapporteur, ce qui s'était vu, ne se verrait plus ; les conflits n'étaient plus possibles : *le pouvoir exécutif serait indépendant du pouvoir*

[1] *Discours déjà cité.* — Dans le même discours, Boissy d'Anglas disait encore : « L'homme sans propriété a besoin d'un effort constant de vertu pour s'intéresser à l'ordre qui ne lui conserve rien, et pour s'opposer aux mouvements qui lui donnent quelques espérances ; il lui faut supposer des combinaisons bien fines et bien profondes pour qu'il préfère le bien réel au bien apparent, l'intérêt de l'avenir à celui du jour. Si vous donnez à des hommes sans propriété les droits politiques sans réserve, et s'ils se trouvent jamais sur les bancs des législateurs, ils exciteront ou laisseront exciter des agitations sans en craindre l'effet ; ils établiront ou laisseront établir des taxes funestes au commerce et à l'agriculture parce qu'ils n'en auront senti, ni redouté, ni prévu les déplorables résultats, et ils nous précipiteront enfin dans ces convulsions violentes dont nous sortons à peine, et dont les douleurs se feront si longtemps sentir sur toute la surface de la France. »

législatif, sans l'opprimer jamais; leur harmonie était fondée sur leur division ; leurs prérogatives étaient si nettement tracées et circonscrites *qu'ils n'auraient aucun avantage à espérer dans les attaques réciproques qu'ils pourraient se faire;* désormais ils allaient *se balancer sans se heurter et se surveiller sans se combattre* [1].

II

Tandis que la Convention s'abandonnait à ces espérances, il y avait çà et là, sur ses bancs, quelques auditeurs qui demeuraient perplexes. Ils se demandaient avec inquiétude si cette façon de séquestrer en eux-mêmes les deux pouvoirs isolés et tout puissants, n'aurait pas pour résultat de les livrer à des luttes sans issue; ils se rappelaient un mot profond et prophétique de Mounier, en 1789 : « Pour que les pouvoirs restent à jamais divisés, il ne faut pas qu'ils soient entièrement séparés. »

Un des commissaires qui avaient rédigé le projet de Constitution, Thibaudeau, esprit avisé et bien intentionné malgré son vote fatal dans le procès de Louis XVI, hasarda même quelques objections : que valait, disait-il, cette responsabilité du Directoire, en laquelle venaient se résoudre toutes les garanties des Conseils? Elle était si haut placée qu'elle serait inapplicable ; et si, par impossible, elle était appliquée, elle donnerait le spectacle du pouvoir législatif envoyant, toutes les semaines, le pouvoir exécutif coucher à la prison de l'Abbaye ! Pour parer à cet inconvénient qui laisserait périodiquement l'Etat sans chef, Thibaudeau proposait de répartir les attributions du pouvoir exécutif entre le Directoire et les ministres, ceux-ci agissant et celui-là gouvernant, ceux-ci responsables tous les jours et celui-là qui ne le serait que dans les grands jours. Il est vrai qu'il était bientôt contraint d'ajouter : « Cette distinction est difficile à tracer par un décret[2]. » Distinction difficile, en effet, parce qu'elle répugne à la nature des choses; est-ce qu'on peut gouverner sans agir? Est-ce que le gouvernement n'est pas tout action ?

C'était une préoccupation semblable qui, vers la même époque, animait un personnage très-différent, M. Necker, alors retiré en Suisse où il écrivait l'histoire de la terrible Révolution qu'il avait mise en branle et qui lui avait échappé des mains. Critique sagace et professeur émérite plutôt que politique vigilant et ferme, M. Nec-

---

[1] Ce sont les termes mêmes du rapport de Boissy d'Anglas.

[2] *Mémoires déjà cités*, t. 1er, p. 389. — *Opinion sur l'organisation du ministère, 26 fructidor an III.*

ker avait saisi le faible de la Constitution nouvelle; il signalait le péril d'une combinaison qui, plaçant les deux pouvoirs à distance, sans lien pour les rassembler, sans intermédiaire pour les rapprocher, les réduisait à chercher leur entente commune dans la résignation de l'un à se faire *la machine obéissante*[1] de l'autre.

Mais la foule refusait de se perdre dans ces prévisions moroses; elle était tout à la confiance : on espérait, parce qu'on voulait espérer; après tant d'émotions, tant d'angoisses, tant de tourments, on était affamé d'espérance. Si imparfaite qu'elle fût aux yeux des sages, l'œuvre testamentaire de la Convention expirante ne serait-elle pas toujours préférable à sa sinistre devancière, à cette Constitution de 1793 dont la stupide et barbare incohérence avait eu pour fruit naturel la Terreur? Le peuple avait accueilli avec un immense soupir de soulagement sa Constitution nouvelle; il s'était dit qu'elle renfermait toute la mesure de raison que comportait le désordre des temps. Ceux mêmes qui l'avaient préparée, le rassuraient; c'étaient les meilleurs de la Convention qui l'avaient rédigée, Lanjuinais, Boissy d'Anglas, Daunou, Lesage d'Eure-et-Loir, Thibaudeau, Cambacérès, d'autres encore : les forcenés s'étaient effacés; ils avaient laissé tenir la plume à ceux qui ne l'avaient pas ou qui l'avaient moins trempée dans le sang.

L'encouragement, l'apaisement, un vague instinct de délivrance avaient pénétré même au dehors, dans les dures régions de l'exil.

Parmi les émigrés les plus fidèles, plus d'un, comme M. de Lally-Tollendal, s'étonnaient, pour s'en réjouir, de cette Constitution républicaine de l'an III. Ils la regardaient par ses qualités plutôt que par ses défauts; avec ses deux Conseils, avec son pouvoir exécutif qui avait une vie propre, ils se plaisaient à la trouver plus voisine de la monarchie, non-seulement que la Constitution de 1793, mais même que celle de 1791 où *l'on ne semblait avoir laissé un fantôme de roi que pour qu'il y eût en France un crime de plus à commettre*[2].

Dans l'histoire des nations, il est des heures courtes où tout semble facile aux gouvernements; comme, en d'autres temps, elles les gourmandent amèrement pour le bien qu'ils tardent à faire, elles leur savent gré de tout le mal qu'ils ne font pas. A force de souffrir, la France était arrivée à l'une de ces heures; elle était d'avance reconnaissante de tous les crimes dont la République s'abstiendrait. C'est le cas de redire le mot, si souvent répété, de Bossuet : Quel

---

[1] Expression de M. Necker, dans son *Histoire de la Révolution*. (Voir les *Considérations sur la Révolution française*, de Mme de Staël, t. II, chap. XXII.)

[2] *Défense des émigrés français, adressée au peuple français*, par Trophime-Gérard de Lally-Tollendal; publiée à Paris, an V de la République, p. 22.

état ! Et quel état ! Il y avait cinq ou six années à peine, la France, sous le prince le plus vertueux, le plus clément, le plus doux qui fût jamais, la France avait rêvé l'âge d'or, la félicité idéale, le règne des dieux et des anges ; elle avait tout bouleversé pour saisir l'objet de son rêve : s'étant réveillée en plein enfer, tombée sous le joug des démons, ses prétentions étaient devenues modestes ; elle ne demandait plus maintenant à ses chefs, souvent méprisés, que cette chose élémentaire et toute simple : l'humanité.

Dans le cours de nos révolutions, la République n'a pas connu peut-être une circonstance plus propice pour réussir en France ; elle rencontrait une bonne volonté générale ; elle n'avait qu'à se déployer à l'aise sur un sol nivelé, parmi des générations harassées. Persécutés et persécuteurs, tous étaient las, tous puisaient dans leur lassitude même la modération ; tous n'aspiraient qu'au repos. Les quelques années que la République comptait déjà, avaient été remplies de destructions si énormes, qu'elles paraissaient des siècles ; une sorte d'appréhension irréfléchie avertissait que, pour rentrer dans le lit du passé, il faudrait se replonger dans les mêmes abîmes, et les imaginations les plus hardies s'arrêtaient épouvantées. Epreuve solennelle pour la République ! Si elle échouait, ce ne serait pas évidemment parce que le pays lui aurait été rebelle, ce serait parce qu'elle-même aurait été rebelle au tempérament et à l'âme même du pays.

Malgré tant d'heureux présages et de conjonctures favorables, la Constitution de l'an III ne fut pas viable : la République qu'elle organisait, périt. Qu'est-ce qui les tua ? Quel écueil amena le naufrage ? Quelle fut, nous ne disons pas la cause décisive et profonde, mais l'occasion de l'inévitable chute ? L'impossibilité d'accorder ensemble le pouvoir exécutif et le pouvoir législatif, par le moyen de ministres responsables.

III

Durant la première année qui suivit la mise en œuvre de la Constitution nouvelle, le pouvoir législatif et le pouvoir exécutif vécurent en paix ; ils étaient unis, parce qu'au fond, sous des noms différents, ils continuaient, comme aux jours du comité de Salut public, à ne faire qu'un.

Rien de moins surprenant, rien aussi de plus artificiel et de plus forcé que ce phénomène.

Sur le point de se dissoudre, la Convention avait hésité à disparaître tout entière ; elle avait voulu commander encore quand elle ne serait plus. Troublée des responsabilités qu'elle avait assumées, inquiète de l'universel frémissement de cette société française qui, trop longtemps courbée par la Terreur, levait la tête et se ranimait, elle avait entendu ne pas se rendre à discrétion, ne pas se livrer pieds et poings liés à ses jugements, peut-être à ses vengeances. Telle avait été l'inspiration déterminante des fameux décrets complémentaires des 5 et 13 fructidor an III, d'après lesquels les deux tiers de la Convention étaient déclarés membres de droit des futurs Conseils; le dernier tiers qui, seul, était immédiatement soumis à l'élection, pouvant également être recruté par les électeurs parmi les conventionnels.

Cette usurpation mal déguisée, cette manière arrogante et sournoise de garder un pouvoir qu'on avait l'air de restituer, avaient produit dans tout le pays un mélange de colère et de stupeur; la France se voyait remise sous le joug dont, par sa Constitution, elle s'était crue tirée ! Les bourgeois de Paris, réunis dans leurs sections, avaient été les plus ardents à protester; pour faire un exemple qui agirait au loin, la Convention les mitrailla dans la journée du 13 vendémiaire an IV, elle les fit tomber par files sous l'artillerie du général Bonaparte. Puis, exploitant le désordre qu'elle avait provoqué et réprimé, se prévalant du sang versé sur le parvis de Saint-Roch, comme elle s'était autorisée déjà de la funeste expédition et des horribles hétacombes de Quiberon, elle se hâta de voter les décrets de brumaire, qui réduisaient le nombre de ses adversaires, exhérédaient de leurs droits politiques des classes entières de citoyens, frappaient d'incapacité administrative et élective, non-seulement tous les émigrés, mais tous les parents d'émigrés.

Dès lors, la France pouvait aller aux urnes ! Le tiers qu'il lui était permis de désigner serait noyé dans l'énorme majorité que la Convention s'était ménagée d'avance dans les Conseils.

Ce qui avait été projeté, se réalisa. En vain le peuple manifesta sa volonté ; en vain, presque partout, il alla chercher dans leur retraite, pour les ramener dans ses assemblées, des citoyens sans reproche, d'honnêtes gens oubliés, un Tronchet qui avait défendu Louis XVI, un Tronçon-Ducoudray qui avait défendu Marie-Antoinette, M. de Pastoret, MM. Siméon et Portalis, le général Mathieu Dumas, l'économiste Dupont de Nemours, M. de Barbé-Marbois. Que pouvait cette poignée d'hommes contre la masse compacte des survivants révolutionnaires? Leurs voix seraient étouffées sous les murmures, leurs plus généreux efforts réduits à l'impuissance.

Les Conseils ainsi composés se donnèrent un Directoire à leur image ; ils élurent cinq régicides : La Reveillère-Lepaux, Rewbell, Letourneur de la Manche, Barras et, sur le refus de Sieyès, Carnot.

Grâce à ces précautions, l'accord régna pendant l'année 1796

entre les pouvoirs publics ; à part quelques dissidences perdues dans
l'ensemble, le Directoire et les Conseils étaient toujours du même
avis, ils s'arrangeaient en famille. Liés par la solidarité de leurs
souvenirs, ils obéissaient aux mêmes inclinations, cédaient aux
mêmes répulsions, et visaient aux mêmes ennemis ; ils travaillaient
de concert pour leur sécurité commune. Selon le mot de M. de Toc
queville [1], tout ce gouvernement n'était qu'une coterie de régicides.

Comme pour effacer toute distinction d'origine entre les vieux
conventionnels et les nouveaux venus des Conseils, un serment de
haine à la royauté fut requis des uns et des autres ; bientôt même
il fut imposé à tous les électeurs choisis par les assemblées primaires : tout magistrat, tout administrateur, tout fonctionnaire qui
ne l'auraient pas prêté, seraient condamnés à la déportation. L'an-
niversaire du 21 janvier, qui tombait le 1er pluviôse an IV, fut l'objet
de démonstrations éclatantes ; Treilhard, président des Cinq-Cents,
s'écria dans une harangue boursouflée : « Le tyran fut unanimement
déclaré coupable ; nous prononçons tous encore ici sa condamnation
solennelle ; nous vouons à la royauté une haine qui ne pourra jamais
s'éteindre. Haine, haine immortelle à ce fléau ! représentants du
peuple, venez enfin satisfaire une trop juste impatience ; montez à
cette tribune pour y vouer aussi à la royauté un sentiment que vous
me reprochez sans doute de n'avoir pas exprimé avec assez de force. »

Sous cette ostentation de régicide, était-ce bien, comme autrefois.
l'audace qui se montrait ? n'était-ce pas plutôt la peur, le doute, le
regret, même le remords, qui se cachaient ? Les régicides étaient ef-
frayés de ce qu'ils avaient fait ; ils n'étaient pas tranquilles au-dedans
d'eux-mêmes, ils ne l'étaient pas davantage devant leurs concitoyens :
si, à chaque renouvellement d'un tiers des Conseils, les élections
suivaient le même cours ; si peu à peu, la contre-révolution s'opérait
constitutionnellement ; si la royauté revenait, que deviendraient-ils ?
Ce fut, au lendemain de la Terreur, un spectacle étrange, douloureux
et magnifique, que ce réveil de la conscience dans la société française : le vertige, la folie furieuse, l'ivresse de la cruauté ou de la
lâcheté, l'affreuse mêlée dans laquelle tous les coups avaient été
portés à l'aveugle, s'étaient dissipés ; chacun commençait à voir clair
dans ses actions. Les violences amoncelées depuis l'ouverture du
drame s'étaient subitement éclairées, elles semblaient se révéler, avec
toutes leurs conséquences, à leurs auteurs : tel décret, telle mesure,
tel attentat, qui avaient comme passé inaperçus dans le torrent du
jour, prenaient du relief et jetaient une ombre épouvantable ; sortant

---

[1] Dans son admirable fragment sur le Directoire (voir *les Œuvres et Correspondance inédites d'Alexis de Tocqueville*, t. Ier, p. 261.)

des nuages où un fanatisme sombre voulait l'envelopper, la date du 21 janvier montait de plus en plus à l'horizon, couvrant tout de son immensité sinistre.

Les serments demandés, les discours prononcés, les fêtes célébrées étaient des subterfuges. Toute cette mise en scène n'avait qu'un but : rétablir l'égalité entre ceux qui avaient voté la mort du roi et ceux qui ne l'avaient pas votée ; ne pas laisser aux uns le droit d'accuser les autres ; faire dire à la France, à force de manifestations, d'acclamations, de chants, de cris, que la Convention avait bien agi ; arracher à tout le monde une sorte de profession de foi régicide.

Non pas, du reste, que les conventionnels du Directoire et des Conseils méditassent, de gaieté de cœur, de recommencer la Terreur ; ils n'en voulaient plus, ils en avaient honte ; ils auraient désiré gouverner régulièrement. Ce qui les préoccupait avant tout, ce qui dominait leurs résolutions, c'était le besoin de demeurer maîtres ; sur la possession du pouvoir, dans laquelle ils plaçaient leur sûreté, ils étaient intraitables, tous prêts à redevenir féroces si elle leur était disputée. Pourvu que, ce pouvoir, ils le gardassent entier et armé, ils seraient de composition facile ; ils se promettaient de faire sentir aux vaincus leur toute-puissance et aussi leur modération ; ils comptaient les laisser vivre, leur mesurer eux-mêmes la part de justice et de liberté dont ils pourraient jouir, leur distribuer des faveurs plutôt que de leur reconnaître des droits, mériter leur gratitude, arriver à se réhabiliter et à se réconcilier par les services rendus. Ils nourrissaient même instinctivement un dessein où l'ambiguité de leur situation se trahissait : celui d'administrer pour les honnêtes gens, mais sans eux, et avec les malhonnêtes gens, mais contre eux. Jeu extrêmement périlleux qui expose ceux qui s'y livrent à rester en l'air, sans appui, sans assiette, dans une balance insoutenable ; et qui, un beau jour, reniés et méprisés de tous, les précipite dans la boue ! C'était le sort qu'un écrivain intrépide, Lacretelle aîné, annonçait au gouvernement républicain de son temps : « Il fait, disait-il, craindre aux honnêtes gens les brigands, et aux brigands, les honnêtes gens ; mais il n'a à lui ni les honnêtes gens ni les brigands ; mais il ne tire aucun parti ni des uns et des autres [1]. »

La première session parlementaire de la République s'écoula sans grosses difficultés, les Conseils accordant au Directoire tout ce qu'il sollicitait : création d'un ministère de la police générale ; ouverture d'un crédit de trois milliards en assignats ; emprunt forcé et progressif de six cents millions en valeurs métalliques, qui ne portait que

---

[1] *Du système du gouvernement pendant la session actuelle*, etc..., par P.-L. Lacretelle, aîné, à Paris, an V, p. 17.

sur le quart [1] des contribuables ; émission d'un nouveau papier-monnaie qui, sous le nom de mandats territoriaux, et pour un chiffre de
deux milliards quatre cents millions, aurait cours obligatoire entre
les particuliers et contre eux ; autorisation de pourvoir à une série
d'emplois administratifs et judiciaires qui, aux termes de la Constitution, auraient dû être donnés à l'élection ; droit de statuer arbitrairement sur les radiations d'émigrés, c'est-à-dire, en définitive,
de dresser et de tenir à son gré les tables de proscription.

IV

La crise fut imminente lorsqu'en 1797, au renouvellement du
deuxième tiers, la majorité se trouva changée dans les Conseils,
portée de gauche à droite. Un flot d'hommes nouveaux, intacts,
sortis des sources vives et pures du pays, y était entré ; réunis à la
vaillante élite qui les avait précédés, ils formèrent, en face d'un
gouvernement obstinément révolutionnaire, un parlement décidément conservateur.

Les discussions n'avaient pas commencé, la physionomie des
séances ne s'était pas dessinée encore, que déjà les conventionnels
au pouvoir avaient pris l'alarme ; ils ne se reconnaissaient plus dans
les élus du pays ; ils se voyaient submergés par cette marée montante d'honnêtes gens. L'un des directeurs, Rewbell, proposa tout de
suite un coup d'État ; toutes les violences, toutes les fantaisies de la
tyrannie exaspérée passèrent dans leurs têtes : « Imaginez, disait
un de leurs familiers, l'échelle des forfaits, et soyez sûr que le
Directoire la gravira tout entière [2]. »

Quels étaient donc ces hommes dont l'apparition troublait tant le
Directoire ? Quel mandat avaient-ils reçu ? Quelle politique avaient-ils
à cœur ? Issus, presque tous, des régions moyennes de la société, de
celles où la Révolution n'avait pas le plus sévi, ils arrivaient, pour la
plupart, du fond de leurs provinces, libres de tout engagement,
étrangers aux factions, sans remords à étouffer, sans tache à effacer,
sans représailles à exercer, représentant exactement ce qu'on aurait
pu appeler la pensée actuelle de la France. Une république qu'ils

[1] Le Directoire avait même proposé que l'emprunt ne frappât que le cinquième des contribuables : « En ordonnant, disait-il dans son Message,
qu'il n'atteignît que le cinquième des contribuables de la nation, cet emprunt pourrait ne porter que sur un million d'individus. Par là l'immense
majorité des citoyens qui n'y participeraient point, y applaudiraient. »

[2] *Journal d'un déporté non jugé, ou déportation en violation des lois, décrétée le
18 fructidor an V (4 septembre 1797)*, par M. de Barbé-Marbois. T. Ier, p. xxii,
de *l'introduction du journal*.

n'avaient pas désirée et qu'ils n'auraient pas établie, existait; ils s'y soumettaient : très-résolus à exiger d'elle, en retour de leur soumission, la sécurité; très-déterminés à tout faire, par l'énergie et par la patience, pour la contraindre à fournir les biens nécessaires de tout gouvernement qui n'est pas indigne et incapable d'être, à savoir, la protection des personnes et des propriétés, l'ordre dans les finances, la régularité dans les comptes, la probité dans l'administration et dans les administrateurs, la paix avec les nations inoffensives, l'observation des traités, le respect des droits, la justice pour tous.

Sans doute, si quelque moraliste avait interrogé le fond des cœurs, il aurait démêlé cà et là bien des nuances d'opinion; de tous ces hommes qui allaient prêter leur aide au régime légal de leur patrie, combien peu lui accordaient leur foi! Fallait-il leur en vouloir? Leur était-il possible de faire violence à leur entendement jusqu'à ne pas croire toujours que la monarchie valait mieux; qu'elle serait, comme l'un d'eux, le général Mathieu Dumas, le confessait dans ses conversations intimes, préférable à *cette République idéale qui n'avait aucun principe fixe, aucune base dans les mœurs, et qui n'offrait à la liberté que des garanties illusoires* [1]; ou bien, selon l'aveu d'un jeune député de Lyon, M. Camille Jordan, « qu'un pouvoir exécutif placé dans les mains d'un seul homme acquerrait plus d'activité, plus de dignité, plus de cette force morale qui économise la force politique, et qu'une telle réforme, loin de saper la liberté, la poserait sur ses vrais fondements [2]? »

Sans doute encore, parmi tous ces députés, les perspectives différaient, les diversités de sentiments se produisaient, lorsqu'ils songeaient au lendemain de la politique qu'ils auraient concertée ensemble, aux suites que, victorieux des résistances du Directoire, il donneraient à leur victoire.

Il y avait, au dedans comme en dehors des Chambres, quelques bons citoyens dont l'esprit ne répugnait pas à l'image de la République maintenue et gérée par les honnêtes gens : « Après tout, disaient-ils, révolution et république ne sont point identiques; une fois le gouvernement formé, les propriétaires et gens de bien prenant les rênes de l'administration, un régime subversif de tout ordre, de toute propriété, de toute liberté, prendra le caractère d'une organisation populaire et néanmoins stable [3]. » A quoi Mallet du Pan

---

[1] *Souvenirs du lieutenant-général, comte Mathieu Dumas*, t. III, p. 74.

[2] *Camille Jordan à ses commettants, sur la révolution du 18 fructidor an V*, p. 52. La brochure parut sans nom d'imprimeur ni d'éditeur.

[3] *Correspondance politique pour servir à l'histoire du républicanisme français,*

répondait de la terre étrangère, avec sa véhémente logique qui n'épargnait les chimères ni à droite ni à gauche : « Le jour où les propriétaires et les honnêtes gens influeront dans le gouvernement de la République, leur premier besoin sera de la renverser, pour revenir à la seule protection possible dans un empire comme la France, à celle d'un monarque qui défende les lois contre un million d'usurpateurs, sans rester maître de le devenir lui-même [1]. »

Mais c'étaient là des questions prématurées : avant de se disputer sur les conséquences du triomphe, il fallait le tenir ; et le meilleur moyen de succès était encore de combattre sur le terrain commun que les lois établies offraient à tous les hommes de bonne volonté.

Même pour préparer une restauration royale, les plus ardents royalistes qui siégeaient dans les Conseils, étaient d'avis qu'il serait habile et préférable de ne rien précipiter, de laisser le pays voir à l'œuvre la Constitution dont il attendait son repos, en constater par l'usage les lacunes et les vices, en réclamer de lui-même les compléments nécessaires ; que, toute boîteuse qu'elle était, *cette Constitution remettait sur la route de la monarchie tempérée, qu'elle en renfermait le germe précieux, germe que l'effort des députés devait être de nourrir et de mûrir* [2]. Avec un peu de prudence et de temps, forcément, fatalement, la royauté se découvrirait à tous comme la garantie la plus ferme de leurs intérêts légitimes et de leurs droits sacrés ; elle ne serait pas une révolution de plus, elle serait la fin de la révolution. La république *se résoudrait tout naturellement en monarchie*, comme le craignait Carnot [3] ; elle y glisserait doucement, comme le recommandait Mallet du Pan [4] ; et la vieille, glorieuse et tutélaire institution qui avait fait la France, reviendrait, comme s'exprimait encore M. Camille Jordan, portée *par le libre développement de la volonté publique* [5].

Peut-être, aux yeux de ces observateurs engagés dans la tumultueuse arène, n'était-il pas mauvais que, dans la division des esprits, après les déchirements sans nom des années précédentes, une sorte

par M. Mallet du Pan, à Hambourg, 1796. *Lettre première à M. G., négociant de Gênes*, p. 44.

[1] *Id. — Ibidem.*

[2] Ce sont les expressions de l'un des royalistes les plus résolus des Conseils, le chevalier de Laruc. (Voir son *Histoire du 18 fructidor*, 1re partie, p. 249.) M. de Laruc qui allait être déporté à Sinnamari, était beau-frère du chevaleresque M. Hyde de Neuville.

[3] M. de Laruc cite cette parole de Carnot, dans son histoire précitée, 2e partie, p. 281.

[4] Lettre de Mallet du Pan au comte de Sainte-Aldegonde. 19 avril 1797. (Voir ses *Mémoires et Correspondance*, t. II, p. 209.)

[5] *Camille Jordan à ses commettants*, déjà cité, p. 54.

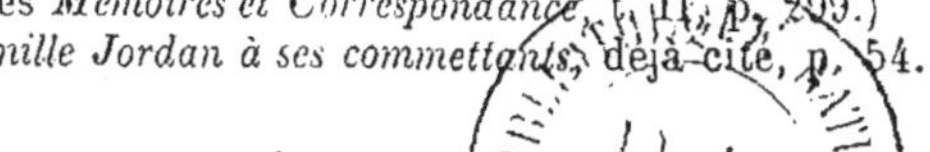

2

de République réparatrice et neutre servît d'interrègne? Elle provoquerait tous les partis aux comparaisons utiles et aux rapprochements équitables; elle faciliterait dans leurs rangs ce qu'un émigré appelait la démission des haines et des préjugés. En proie à un continuel malaise, la société nouvelle sentirait de plus en plus le besoin presque vital qu'elle avait de la monarchie; et de plus en plus aussi, la monarchie serait amenée à comprendre qu'en dépit de sa nécessité bienfaisante, elle ne serait pas acceptée de cette société nouvelle si elle ne l'avait d'abord acceptée elle-même, acceptée, non certes dans ses erreurs et dans ses passions qu'elle corrigerait, mais dans ses institutions irrévocables qu'elle règlerait : « Désabusons-nous, écrivait l'émigré dont nous citions tout à l'heure une parole, le comte de Montlosier, désabusons-nous de ces faux principes avec lesquels on ne cesse de nous persuader que le bien vient à force de mal, que c'est par l'enfer qu'on arrive à une vie heureuse. Une seule raison fera aujourd'hui que la monarchie se rétablira en France : c'est que la république y sera impossible. La monarchie arrivera comme résultat de l'ordre, par le besoin de ceux qui la combattent, et non pour l'intérêt de ceux qui la sollicitent [1]. » Et ailleurs : « La France révolutionnaire ne redeviendra certainement une monarchie, qu'en conservant une partie des institutions et des formes de la révolution [2]. »

C'est une justice à rendre aux Assemblées législatives de l'an V, vouées à un destin si cruel, qu'elles ne mentirent pas à leur programme; dans ses grandes lignes, leur conduite fut strictement constitutionnelle. Carnot qui les jugeait trop inclinées vers la monarchie, a reconnu leur loyauté; si quelques intrigues royalistes, que le Directoire changea, pour l'avantage de ses desseins, en de menaçantes conspirations, se nouèrent autour d'elles, ce fut à leur insu, en dehors de leur action, par les mains de brouillons sans consistance, dont la troupe comptait plus d'un agent de police. Mêlés aux débris, souvent les plus tarés, de la Convention, les honnêtes gens des Conseils n'abusèrent pas de leur supériorité morale; ils furent pleins de pitié pour ceux qui avaient été impitoyables, les traitant comme de pauvres malades qui n'avaient pas su ce qu'ils faisaient, qu'une force irrésistible avait contraints, à qui le crime avait échappé dans le délire d'une révolution.

Dès qu'ils furent réunis, les Conseils saisirent une occasion d'exprimer les dispositions conciliantes qui les animaient.

L'un des directeurs, Letourneur de la Manche, ayant cessé ses

---

[1] *Vues sommaires sur les moyens de paix pour la France, pour l'Europe, pour les émigrés*, par M. de Montlosier. A Londres, 1796, p. 53 et 62.

[2] *Des effets de la violence et de la modération dans les affaires de France*, à M. Malouet, par M. de Montlosier. A Londres, 1796, p. 53, 3ᵉ lettre.

pouvoirs par l'effet du tirage au sort, les Cinq-Cents et les Anciens eurent à pourvoir à son remplacement. Nommer encore un régicide ne pouvait évidemment leur convenir; s'éloignant de tout candidat de ce genre, leurs suffrages se portèrent sur un honorable fonctionnaire, agréable ou indifférent à tous les partis, sur M. Barthélemy, ministre de France en Suisse, l'heureux négociateur des récents traités de paix de la République avec la Prusse et avec l'Espagne.

Le personnage qui allait s'asseoir au Palais du Luxembourg dans la compagnie de Barras, de Rewbell, de Lareveillère et de Carnot, était une image assez fidèle de l'opinion courante d'alors : demeuré pur dans les plus mauvais jours; ayant fait de son mieux, durant la Terreur, les affaires diplomatiques de la France, comme il les avait faites sous l'ancien régime; obéissant à la République sans être républicain, il s'était comme désintéressé de la royauté qu'il aimait, qu'il regrettait, et que, plus tard, il devait servir encore avec un dévouement éclairé [1]. Cette royauté reviendrait-elle jamais? Il en doutait : où seraient ses appuis? Ne les avait-elle pas perdus par la destruction des corps privilégiés? Et les discordes de ses derniers défenseurs, les âpres contentions de ceux qui la rêvaient absolue et de ceux qui la voulaient constitutionnelle, ne lui enlevaient-elles pas jusqu'à l'espérance d'une résurrection éphémère? Barthélemy concluait à l'impossibilité présente de la monarchie : « La raison de cette impossibilité, disait-il, vient de ce que chacune des deux factions royales préfère d'être gouvernée par la République, qu'elle ne regarde que comme un état provisoire, plutôt que de voir la rivale occuper le gouvernement [2].. » Et il n'apercevait plus de chances pour les Bourbons que dans les fautes des républicains.

V

Les Conseils se mirent immédiatement à leur tâche législative, les Cinq-Cents avec plus d'entrain, les Anciens avec une circonspection plus méthodique.

Ils cherchèrent d'abord à porter leur contrôle dans les finances; la nuit la plus épaisse et les abus les plus criants y régnaient. La pénurie du Trésor était extrême; tout concourait à l'aggraver, le néant du crédit, la vileté du papier-monnaie qui ne valait même plus le lendemain ce qu'il avait valu la veille, la dépréciation égale

[1] Ce fut M. Barthélemy qui, pair de France sous la Restauration, fit en 1819 une motion célèbre pour la modification, dans un sens plus conservateur, de la loi électorale de 1817.

[2] *Mémoires historiques et diplomatiques de Barthélemy, depuis le 14 juillet jusqu'au 30 prairial an VII*, p. 206.

des assignats et des mandats territoriaux, la rareté du numéraire
qui se dérobait de plus en plus à mesure qu'il était plus traqué
par les barbares inquisitions du fisc, l'absence de toute règle de
comptabilité, l'impunité des concussionnaires, la licence effrénée
des malversations officielles. Les impôts étaient, le plus souvent,
dévorés par le Directoire avant même d'avoir été consentis par le
Corps législatif et acquittés par les contribuables ; quelques traitants
faisaient les avances, sauf à se rembourser ensuite avec usure :
c'était ce qu'on avait surnommé le système des anticipations. Les
sommes votées étaient presque toujours détournées de leur emploi ;
elles allaient au plus pressé, passant dans les mains de fournisseurs
avides, et couvrant toutes sortes d'opérations véreuses ; pendant ce
temps-là, les services les plus essentiels, le payement des rentes et
des pensions, celui des fonctionnaires, la réparation des routes, la
police des provinces infestées par les brigands et ravagées par les
loups, la solde des armées, même la nourriture des détenus dans les
prisons et des malades dans les hôpitaux, demeuraient en souffrance.
Qu'un tel désordre cessât ; que la série des anticipations fût close ;
que chaque demande de subsides fût accompagnée de pièces justifi-
catives ; qu'à chaque dépense ordinaire fût assigné un revenu fixe et
à chaque dépense extraordinaire une ressource certaine, étaient-ce
de bien grandes exigences ? Ce furent les premiers vœux des Conseils ;
ils furent consignés, dans un rapport mémorable, par un député aux
Cinq-Cents, M. Gilbert des Molières, notaire de l'ancien régime,
qui, pour son malheur, travaillait ingénûment à mettre dans la fortune de l'Etat la correction qu'il mettait dans celle de ses clients.

De toutes les dépenses, celle qui coûtait le plus cher, et qui, sous
de nobles apparences, donnait carrière aux profits les plus illicites,
était la guerre.

Le Directoire la poursuivait sans nécessité et la propageait sans
équité ; il s'était accoutumé à penser et même à dire qu'il fallait la
faire pour faire de l'argent. La conquête se tournait pour sa politique
besoigneuse en contributions et en rançons énormes : tous les Etats
neutres y passaient ; les inoffensives républiques de Gênes et de
Venise, les Légations pontificales avaient subi cette dure loi. Les plus
honorables tentatives d'accommodement étaient systématiquement
entravées et écartées ; le Directoire avait rompu les négociations
avec l'Angleterre, malgré le voyage de lord Malmesbury à Paris, et
avec l'Autriche, malgré les préliminaires de Leoben par lesquels le
général Bonaparte avait couronné sa merveilleuse campagne
d'Italie.

Les Conseils, tenus toujours en dehors des résolutions les plus
graves, les Conseils qui ne connaissaient jamais les hostilités qu'une

fois engagées, protestèrent contre ces pratiques dangereuses et ruineuses ; ils parlèrent pour le respect du droit des gens, pour l'honnêteté dans les relations internationales, pour la paix.

Ils élevèrent encore la voix en faveur de la justice, de la clémence, de la pitié qu'outrageait toujours l'abominable législation contre les émigrés.

La Terreur avait eu beau s'éteindre dans la fatigue universelle ; de plus en plus hantés par leurs mauvais souvenirs, les régicides du Directoire la ressuscitaient par intermittence, comme pour se consolider par l'effroi qu'ils inspireraient. Ils avaient tenu à garder en leurs mains tous les décrets que la Convention avait rendus ; ils s'étaient opposés à leur abrogation souvent réclamée dans les Conseils ; de temps en temps, ils faisaient un éclat, qu'ils réputaient utile à l'affermissement de leur autorité.

Un jour, c'était un ancien émigré, le comte de Geslin, qu'on envoyait d'Evreux à Paris pour l'y faire exécuter sur la place de Grève.

Un autre jour, c'était un vieillard, M. de Cussy, autrefois ministre de Louis XVI en Bavière, qui, arrêté à Paris où il vivait tranquillement depuis deux mois, était conduit à l'échafaud. Qu'avait-il fait ? Avait-il été saisi les armes à la main ? surpris en flagrant délit de conspiration ? Non, rien de pareil ne lui était reproché ; son crime était d'avoir voulu revoir la France ; il en était sorti et il y était rentré ; c'était assez ; il avait été mis à mort.

Ces drames terribles n'étaient pas, hélas ! des accidents isolés. Au moment même où le renouvellement du second tiers des Conseils agitait les esprits, le Directoire était tout occupé à traîner de juridiction en juridiction, des tribunaux militaires aux tribunaux civils, pour leur arracher une sentence de mort qu'ils lui refusaient toujours, d'autres infortunés, ceux que l'histoire appelle les naufragés de Calais. C'étaient encore des émigrés, dont plusieurs d'un nom illustre, le duc de Choiseul, M. Thibaut de Montmorency, M. de Vibraye : dégoûtés de l'Europe, ils s'étaient embarqués pour les Indes à bord d'un bâtiment danois ; ils étaient en route pour leur expatriation lointaine, lorsque la tempête les jeta sur la côte de Calais. Le Directoire les avait, aussitôt, déclarés de bonne prise : la clameur unanime de l'Europe s'élevait en vain pour leur sauvegarde ; il n'admettait pas qu'ils ne fussent pas traités comme des émigrés, c'est-à-dire livrés au bourreau. Le rédacteur de la loi des suspects, Merlin de Douai, alors ministre de la justice, menait avec des arguties de juriste cette odieuse procédure. Et cependant les révolutions ont des flux et des reflux qui devraient bien faire réfléchir les hommes ! Banni de France en 1815, contraint même de quitter la Hollande où il s'était retiré pour se réfugier en Amérique, le même Merlin fut, à son tour, rejeté par la tempête sur la côte hollandaise : le roi des Pays-Bas se montra moins inexorable que n'avait été la République française ; il autorisa le régicide à demeurer dans ses Etats parce qu'il ne voulait plus voir en lui que le naufragé !

Ces rigueurs du Directoire, cette manie de persécution, que ne soutenait plus l'ivresse populaire, étaient implacables parce qu'elles étaient insatiables ; c'étaient des moyens de gouvernement, c'étaient aussi des ressources de finance : ce qu'avait commencé la passion, la spéculation l'achevait, et la cupidité alimentait la férocité. Le crime d'émigration entraînant, outre la peine de mort, celle de la confiscation, on multipliait le nombre des émigrés pour accroître la masse des biens à prendre et à vendre ; on en inventait à plaisir, on les entassait pêle-mêle sur une liste pour la confection de laquelle l'avidité des particuliers venait en aide à la rapacité de l'Etat ; on en avait déjà inscrit officiellement jusqu'à cent vingt mille, et on annonçait que le travail n'était pas fini.

Sans oser encore rayer de nos codes toutes ces infamies, les Conseils s'essayèrent à en retrancher l'arbitraire et le superflu : ils abolirent quelques-unes des pénalités qui atteignaient dans leurs personnes et dans leurs propriétés les parents d'émigrés ; ils demandèrent que, si la qualification d'émigrés, avec toutes ses conséquences légales, continuait à frapper tout Français enrôlé dans les rangs de l'ennemi, elle cessât d'être applicable aux simples fugitifs, aux habitants de l'Alsace et de Toulon par exemple, qui, devant l'invasion des Autrichiens ou des Anglais, bientôt suivie par les fureurs des proconsuls de la Convention, avaient dû chercher un asile sur un territoire étranger ; ils ordonnèrent que les naufragés de Calais seraient rembarqués et conduits en pays neutre.

Ce fut principalement dans les affaires religieuses, que les revendications des honnêtes gens se déployèrent avec éclat.

La Constitution de l'an III avait proclamé la liberté des cultes ; elle l'avait fondée sur la séparation absolue de l'Eglise et de l'Etat : système spécieux qui n'avait guère répondu à ses promesses ; emprunté par de maladroits imitateurs à la république américaine où le morcellement des sectes l'expliquait, il n'avait engendré, dans notre patrie où la religion catholique dominait sans conteste, que la plus inique des infériorités pour la majorité de la nation, qui professait cette religion. La liberté des cultes dont la Constitution se targuait, se trouvait n'être, dans la réalité des choses, qu'une menteuse parade et qu'une périlleuse amorce ; la persécution était légalement organisée avec des raffinements inouïs. De toutes les passions qui avaient possédé la Révolution française, il apparaissait déjà par des signes trop certains que la passion irréligieuse serait la dernière à mourir; il semblait que celle-là n'aurait jamais épuisé l'horreur de ses motions et de ses décrets.

Les vieilles pénalités draconniennes contre les ecclésiastiques qui n'avaient pas voulu prêter serment à la Constitution civile du clergé, sévissaient toujours; elles avaient survécu à cette Constitution elle-même qu'avait vite remplacée le culte de la Déesse Raison, de l'Etre suprême et du néant : de telle sorte que la France donnait le scandale monstrueux et dérisoire du prêtre puni pour désobéissance morale à une loi qui n'existait plus. Ce n'était pas tout ; d'autres garanties qui n'étaient pas sollicitées du reste des citoyens, étaient requises des ecclésiastiques : chacun d'eux devait signer une déclaration spéciale de soumission aux lois de la République ; celui qui refusait était condamné à la déportation; quiconque offrait asile au délinquant, était passible d'un châtiment. Le prêtre était le suspect de la société nouvelle : défense lui était faite de porter une marque extérieure de son caractère sacré; défense de revêtir l'habit de son état; défense d'administrer publiquement les sacrements à un mourant, défense si expresse que, dans quelques localités, la troupe avait reçu ordre de tirer sur les fidèles accompagnant le saint viatique. Les morts ne pouvaient, dans les rues, être suivis par le prêtre, ils n'avaient pas le droit de reposer dans une terre bénite, à l'ombre d'une croix ; ce qui s'appelle aujourd'hui les enterrements civils, s'appelait alors les funérailles civiques, elles étaient obligatoires. L'usage des cloches était prohibé sous les peines les plus sévères : un an de prison pour toute infraction, et, en cas de récidive, la déportation; sonner les cloches, c'eût été offenser la liberté de conscience de ceux qui n'allaient pas à la messe. Dans l'intérieur des maisons il n'était pas permis d'avoir un sanctuaire domestique; l'exercice du culte au dehors souffrait lui-même de mille entraves ; la plupart des temples et des presbytères continuaient à servir à tout, excepté à la religion qui les avait bâtis. Toujours dans la détresse, toujours pressé par ses créanciers, le Directoire battait monnaie avec les pierres les plus vénérées ; un jour, les feuilles publiques annoncèrent, au milieu de la réprobation générale, qu'inutilement protégée par les merveilles de l'art et par la mémoire de Fénelon, la cathédrale de Cambrai allait être sou-missionnée, pour être ensuite abattue, au prix de 3,600 livres.

La France vit alors un spectacle tout nouveau pour elle, celui de laïcs, de simples citoyens venant, dans les assemblées nationales, défendre l'Eglise catholique, non plus au nom des privilèges que la Révolution avait détruits, mais au nom des principes de justice que, pour leur destruction, elle avait invoqués. Presque tous ces champions inattendus étaient des jeunes gens, enrôlés volontaires d'une cause perdue ; pour la plaider et la gagner, pour faire reconnaître les droits de leur auguste cliente, ils ne remontaient pas au passé, ils s'armaient de cette liberté des cultes que la Constitution de l'an III montrait inscrite dans ses colonnes : plus d'honneurs, plus d'immunités particulières, plus de prérogatives exceptionnelles, puisque telle était la loi ; rien que la liberté dans l'égalité ; mais, au moins, la liberté tout entière ! C'était l'argumentation que, dans son célèbre rapport sur la police des cultes, développait un député de vingt-sept ans, à l'âme impétueuse, à la sensibilité passionnée et vibrante, M. Camille Jordan : « Apprenons à nos concitoyens, disait-il, à chérir la liberté politique par la liberté religieuse. » Et un autre jeune homme, son aîné de quelques années, M. Royer-Collard, déjà tout plein de cette impérieuse et méditative éloquence qui lui donna tant d'action sur l'esprit de notre siècle, faisait entendre aux triomphateurs du jour ces vérités d'un impérissable à-propos : « Toutes les fois qu'il existe dans un Etat une religion généralement et depuis longtemps adoptée, il faut que le gouvernement contracte avec elle une alliance fondée sur l'intérêt d'un appui réciproque : autrement il faut qu'il la détruise ou coure le risque d'être détruit par elle. Or la religion catholique est indestructible en France ; elle a survécu à la monarchie, dont elle avait précédé la naissance, et elle a triomphé de toutes les attaques qui lui ont été livrées par la tyrannie révolutionnaire. Un gouvernement naissant qui s'obstinerait à la proscrire, verrait retomber sur lui les coups imprudents qu'il lui aurait portés. »

Le puissant orateur terminait son irréfutable harangue par une leçon sublime, bien digne de planer toujours au-dessus de nos tourmentes : « Justice, confiance, générosité, tant décriées par la tyrannie, vous n'êtes pas seulement le plus noble sentiment de l'âme humaine, vous êtes encore la plus vaste pensée des gouvernements, la plus savante combinaison politique, le plus profond des artifices. Au cri féroce de la démagogie invoquant : « L'audace, et puis l'audace, et encore l'audace, » nous répondrons par ce cri consolateur et vainqueur, qui retentira dans toute la France : « La justice, et puis la justice, et encore la justice. »

Quel langage ! quelle scène ! quelle révolution morale, non moins étonnante que la révolution matérielle dont les bouleversements étaient partout ! Il y avait quelques années à peine que l'Eglise catholique possédait tout ce qui fait la force dans l'Etat, richesse, pouvoir, crédit ; il y avait moins d'années encore que cette organisation séculaire s'était écroulée violemment : au-dessus de tant de splendeurs et de tant de douleurs, du fond de l'abîme où tout gisait pêle-mêle, la croix recommençait à s'élever, toute seule, toute nue et toute saignante comme au Golgotha, prête encore à couvrir la France, et n'ayant plus, pour se couvrir elle-même, que le mot de saint Paul sur les lèvres de ses enfants : « Et moi aussi, je suis citoyen ! » L'effet de ces discussions fut immense, elles avaient une originalité extraordinaire ; elles éveillèrent l'espérance, et aussi la surprise, sur la terre d'exil, parmi les confesseurs proscrits. Un émigré qui, de loin, les écoutait, les recueillit dans son éclatante imagination ; et lorsque, plus tard, dans *les Martyrs*, M. de Chateaubriand nous représentait son héros, Eudore, qui se fait l'avocat du Christ devant le Sénat de Rome, en présence de l'Empire et des idoles toujours debout, il se rappelait peut-être les jeunes députés des Cinq-Cents, qui, devant les survivants de la Convention, en face de la Révolution chargée des dépouilles de sa victime, avaient pris en main la liberté de l'Eglise catholique.

Les Conseils applaudirent leurs courageux orateurs sans les suivre dans leur généreuse hardiesse ; ils avaient peur d'exaspérer les furies que le nom du Christ rendait toujours folles de rage. Plus d'une fois même, les scrupules des Anciens retardèrent ou retirèrent ce que, dans leur élan, avaient décidé les Cinq-Cents ; c'est ainsi que, d'abord supprimée, l'obligation, pour tout ecclésiastique, de promettre soumission au gouvernement de la République française, fut provisoirement maintenue.

Tout se réduisit, pour le moment, à quelques mesures d'une urgente et criante équité ; de ce nombre fut l'abrogation des pénalités contre les prêtres insermentés : elles furent biffées de nos lois, comme la Constitution civile du clergé, leur mère, l'avait déjà été par le mépris de ceux qui l'avaient faite.

IV

Mais pendant que les Conseils, avec une modération souvent craintive, prononçaient de bonnes paroles, émettaient de bonnes propositions ou votaient de bonnes lois, le Directoire exécutif n'exécutait aucune des sages réformes indiquées ou décrétées ; au dedans et au dehors de l'Etat, il persistait dans sa politique, tout comme si le Parlement n'eût rien dit, comme si le pays, par l'organe de ses représentants, n'eût exprimé ni blâme ni désir.

Le désordre des finances n'avait pas cessé d'empirer, il était devenu tel, qu'à bout de tromperies, les Directeurs durent, euxmêmes, pousser dans un message le cri de détresse. Ils envoyèrent subitement déclarer aux députés que le gouvernement était sans argent ; qu'il ne lui restait plus ni réserve effective ni moyens disponibles ; qu'il n'avait que 234,000 francs pour faire face à 10 millions de dépenses.

Les vœux répétés des Conseils pour la paix, pour une paix honorable, n'étaient pas mieux écoutés : le Directoire hérissait de difficultés ou laissait en suspens les négociations, tour à tour nouées, dénouées et renouées, avec les cabinets de Londres et de Vienne ; et partout il soufflait la guerre. Toute l'Italie était en feu, Venise et Gênes bouleversés ; nos vieux, fidèles et précieux alliés, les cantons helvétiques, étaient couverts d'émissaires français qui, avant de les livrer à nos armes, les livraient à la révolution. Le continent européen ne suffisait plus à cette fureur envahissante ; et sous prétexte que les Etats-Unis avaient souscrit aux conditions qu'assistée de sa puissante marine, l'Angleterre leur avait proposées ou plutôt imposées contre toute marchandise d'un pays ennemi trouvée à bord d'un bâtiment neutre, voilà que, sans même une communication préalablement adressée aux Conseils à qui la Constitution avait remis le droit de déclarer la guerre, le Directoire faisait saisir en mer, par nos corsaires, les navires de la République américaine, et fomenter des troubles sur son territoire par nos agents consulaires de la Caroline ! Pour consommer la rupture, il avait ordonné que le personnage envoyé à Paris par les Etats-Unis pour expliquer et, au besoin, réparer l'incident litigieux, ne serait pas reçu à la frontière.

Quant aux émigrés et aux ecclésiastiques, la sollicitude dont leur misère avait été l'objet, leur était comptée comme un crime de plus ; elle n'avait amené qu'un redoublement de persécutions. Les fugitifs des départements du Rhin et du Midi qui s'étaient hasardés à rentrer chez eux, avaient été accueillis à coups de fusil : loin de recouvrer leur liberté, les naufragés de Calais étaient, plus étroitement que jamais, gardés en prison ; ils ne devaient en sortir que trois ans plus tard, après le 18 brumaire. Les malheureux prêtres insermentés qui avaient eu l'imprudence de renoncer à l'exil, remplissaient les pontons de Rochefort ; s'ils n'avaient pas été immédiatement déportés, c'est que les croisières anglaises gênaient le Directoire. Rochefort, du reste, convenait à ses vues ; une île de cette rade, l'île Notre-Dame, était appelée maintenant l'île des Prêtres, parce qu'en 1793 et en 1794 elle avait servi de sépulture à plus de cinq cents prêtres morts dans les souffrances de la fièvre et de la faim.

Dans l'humiliante situation qui leur était faite, devant cette mise à néant de toutes leurs résolutions, les assemblées républicaines étaient fort irritées, et non moins embarrassées qu'irritées ; elles ne savaient à qui demander raison de leur autorité méprisée ; elles ne trouvaient personne pour leur répondre. Les ministres leur échappaient, elles n'avaient même pas le droit de les interroger ; ils n'étaient justiciables que du Directoire, lequel, sans se mêler aux Chambres, sans intervenir dans leurs débats, sans s'émouvoir de leurs doléances, était retranché au sommet de l'Etat comme dans une citadelle inaccessible.

C'est une remarque à faire, qu'à cette époque encore si orageuse de la Révolution, dans un temps où les passions étaient neuves et violentes ; où l'exagération dans les actes n'étonnait pas plus que la déclamation dans les paroles ; où les attentats les plus monstrueux étaient dans les mœurs et formaient les habitudes reçues, l'arme terrible, toute révolutionnaire, du refus de l'impôt ne se présenta pas aux Conseils pour contraindre le Directoire à des concessions légitimes. Soit ignorance, soit inadvertance, soit honnêteté naturelle, soit pudeur patriotique, ils laissèrent cette arme sommeiller contre leur indigne adversaire.

Les Cinq-Cents avaient conçu un projet moins aventureux, qui parut encore trop audacieux : c'était d'enlever au pouvoir exécutif quelques-unes des attributions qu'il outrepassait, pour en investir le pouvoir législatif qu'ils partageaient avec les Anciens. Ils essayèrent leur idée en matière de finances où s'étaient produits les abus les plus sensibles à l'intérêt de tous. Après de véhémentes discussions, ils parvinrent à emporter un vote par lequel, désormais, les négociations de la Trésorerie, l'ordre des paiements, la faculté de les approuver et de les répartir seraient confiés à des commissaires qui, directement nommés par les Conseils, seraient placés sous leur dépendance et obligés de se conduire selon leurs décisions. Encore qu'un texte de la Constitution, promptement tombé en désuétude par la volonté du Directoire et par la force des choses, autorisât cette usurpation des Cinq-Cents, les Anciens, toujours timorés, la repoussèrent : objectant, non sans raison, que le remède ne vaudrait pas mieux que le mal ; qu'à la désunion des pouvoirs ce serait substituer leur confusion dont le pays avait tant gémi ; que la désignation des fonctionnaires et les mesures d'administration ne devaient pas être soustraites au pouvoir exécutif ; que, scrupuleusement respectueuse des prérogatives nécessaires du Directoire, les Conseils l'amèneraient peut-être, plus facilement, à ne les exercer qu'en plein accord avec les droits non moins essentiels du pouvoir législatif.

Mais, là-dessus, toutes les démonstrations, toutes les instances, toutes les objurgations se dépensèrent en pure perte. Un dialogue sans conclusion se poursuivait entre les Conseils et le Directoire ; constitutionnellement, ils avaient, chacun de leur côté, à l'appui de leur thèse, une part de vérité : et leur argumentation, à la fois irréfutable et inextricable, n'excellait qu'à prouver l'impossibilité de fonder la responsabilité ministérielle là où ne règne pas l'inviolabilité royale, et aussi la condition fatale où se trouve la République de ne porter jamais que des pouvoirs exécutifs qui tendent à la dictature ou des pouvoirs législatifs qui tournent à la Convention.

A toutes les avances qui lui étaient faites, le Directoire répliquait invariablement : restons chacun dans notre domaine ; de par la Constitution, vous avez le législatif, nous avons l'exécutif ; légiférez tout à votre aise, nous n'exécuterons qu'à notre convenance. Que voulez-vous ? Administrer sous notre nom, nous forcer à prendre pour agents d'exécution, non plus les hommes qui ont notre confiance, mais ceux qui auraient la vôtre. Si nous accédions à votre exorbitante prétention, à quoi servirions-nous nous-mêmes ? Nous ne serions même pas les égaux de vos ministres, nous tomberions au-dessous d'eux ; nous serions constitutionnellement responsables d'une administration que nous n'aurions pas dirigée et d'agents que nous n'aurions pas choisis [1]. Nous nous refusons à ce rôle ; portant

[1] M. Thiers qui, dans son *Histoire de la Révolution française*, est fort partial pour le Directoire, ne peut s'empêcher de reconnaître l'excès de son raisonnement : « Le Directoire, dit-il (t. IX, ch. iii), ne savait pas encore, et personne ne savait alors, qu'il faut composer un ministère d'influences, et que ces influences il faut les prendre dans les partis existant ; que le choix de tel ou tel ministre étant une garantie de la direction qu'on va suivre, peut devenir un objet de négociation. »

On sait, du reste, quel jugement sévère l'illustre homme d'Etat, mieux éclairé par l'étude des événements et par la pratique de la politique, a porté sur la République directoriale, et quelle conclusion rigoureuse il en a tirée dans un discours célèbre du 17 mars 1834, et dont une phrase a été souvent citée :

« La République, disait-il à la Chambre des députés, a été essayée d'une manière démonstrative.

« On nous dit tous les jours : ce n'est pas la République sanglante comme celle de ces temps que nous voulons ; nous la voulons paisible et modérée. Eh bien ! on commet une erreur grave quand on dit que l'expérience n'a pas porté sur les deux points. Il y a eu une République sanglante pendant un an ; mais pendant huit à neuf ans, c'était une République qui avait l'intention d'être modérée, qui a été essayée par des hommes honnêtes, capables. Sous le Directoire, c'étaient des hommes comme Lareveillère-Lepaux, Barthélemy, Rewbell, Siéyès, Carnot, hommes modérés, honnêtes, capables, qui voulaient non pas la République de sang, mais la République paisible. La victoire n'a pas manqué à ces hommes ; ils ont eu les plus belles victoires : Rivoli, Castiglione, et mille autres ! La paix ne leur a pas manqué non plus, car Napoléon leur avait donné celle de Campo-Formio, la plus sûre et la plus honorable. Cependant, en quelques années, le désordre était partout ; ces hommes d'Etat étaient honnêtes, et cependant le Trésor était livré au pillage ; personne n'obéissait ; les généraux les plus modestes, les plus probes, des hommes comme Championnet et Joubert, refusaient d'obéir aux ordres du gouvernement ; c'était un mépris, un chaos universel. Il a fallu que des généraux vinssent renverser ce gouvernement (passez-moi l'expression) à coups de pied, et se mettre à sa place.

« Ainsi, dans ces dix ans, il s'est fait en France une expérience concluante.

la responsabilité, nous gardons la liberté. Etes-vous mécontents de nous? Usez du recours, suivez la procédure que la Constitution vous offre : mettez-nous en accusation.

Les Conseils répondaient, sinon avec plus de justesse dans la dialectique, du moins avec plus de justice dans les desseins : si telle est notre impuissance, si nous ne devons avoir nulle influence sur le choix des ministres et sur la marche de l'administration, si les lois que nous votons, sont lettre morte, à quoi bon nous réunir? Nos discussions ne sont plus qu'un inutile verbiage; et comme autrefois, sous les maîtres les plus absolus, la liberté populaire s'évanouissait en chansons, elle s'évanouira maintenant en discours. L'invitation que nous fait le Directoire à le prendre lui-même à partie est dérisoire, c'est la moquerie ajoutée à la tyrannie. Pour corriger les abus, n'y a-t-il donc un moyen plus simple que de mettre le gouvernement en accusation, c'est-à-dire l'Etat en révolution? Et cette mise en accusation, si nous nous avisions de la prononcer, ferions-nous autre chose que de nous offrir nous-mêmes aux colères, aux rancunes implacables, à la vengeance de ceux qui, tenant le pouvoir, en disposant avec la fantaisie la plus déréglée, ne paraissent guère d'humeur à s'en laisser judiciairement dépouiller?

La querelle n'avait pas d'issue, elle s'envenimait et s'étendait; la presse l'avait embrassée avec une ardeur extraordinaire. L'esprit conservateur d'où la majorité des Conseils était sorti, s'était répandu en une nuée de feuilles publiques qui assaillaient le Directoire, lestes, hardies, agressives, ailées et acérées, sifflantes et perçantes comme des flèches. Comme toujours, les journalistes taxaient leurs députés de mollesse : n'ayant pas le frein de la contradiction directe et de la responsabilité immédiate, qui s'impose à l'orateur; plus soucieux de blesser leurs adversaires que de les gagner, d'exalter et d'enivrer leurs amis que de les diriger, ils parlaient au gré de leur indignation et de leurs impatients désirs; ils parlaient avec une témérité qui allait, ne l'oublions pas non plus, jusqu'à l'héroïsme; car, en ce temps-là, pour un article on jouait sa tête.

Ce n'est pas que le Directoire manquât de défenseurs; la Suisse, qu'il s'apprêtait à ravager, lui avait envoyé un secours inattendu

On a eu la République, non-seulement sanglante, mais la République clémente, qui voulait être modérée et qui n'est arrivée qu'au mépris, quoiqu'en majorité les hommes qui la dirigeaient fussent d'honnêtes gens. Je dis que l'expérience a été démonstrative sur les deux points. Je dis que la République a été essayée par des hommes qui ont succombé à l'œuvre; qui n'ont eu qu'une République misérablement agitée. Aussi la France en a horreur; quand on lui parle république, elle recule épouvantée. Elle sait que ce gouvernement tourne au sang ou à l'imbécilité. »

dans la plume d'un écrivain bien jeune encore, et déjà plus renommé que considéré, M. Benjamin Constant. Ainsi vont les choses humaines : M. Benjamin Constant devait, en 1830, terminer sa longue carrière en poussant à une révolution contre une monarchie de mille ans qu'il jugeait trop rebelle à l'omnipotence des Chambres; et, en 1797, il commençait cette carrière en poussant à un coup d'Etat contre des assemblées républicaines qui demandaient à quelques chefs électifs de ne pas gouverner sans elles et contre elles!

En quelques pages [1], pleines d'art et de calcul, M. Benjamin Constant avait, dès les premiers signes de la crise, déplacé la question pour mieux enflammer les passions : selon lui, ce n'était pas au pouvoir exécutif à se soumettre, c'était au pouvoir législatif, parce que l'un représentait la République, et parce que l'opposition de l'autre ne représentait qu'une monarchie impossible. La République était à jamais fondée, elle avait la possession; elle existait, grande raison pour durer toujours : « Une femme d'esprit disait en éloge de la vie : « N'est-ce donc rien que d'être? C'est pour les gouvernements surtout que ce mot est vrai. » La République avait mieux encore, elle avait l'immense effort de tous ceux qui, par principe, par intérêt ou par peur, ne s'estimaient en sûreté que sous ses lois : « Chacun sent qu'une contre-révolution ne serait elle-même qu'une nouvelle révolution. » Les factions royalistes ne pouvaient rien à l'encontre; elles ne s'entendaient pas elles-mêmes, toutes tiraillés qu'elles étaient par des tendances diverses et contraires, toutes partagées entre la monarchie d'ancien régime et la monarchie constitutionnelle : celle-ci qui comptait *plus d'amis peut-être, mais faibles et indécis, divisés, spéculatifs;* celle-là que servaient des sectateurs *actifs et ardents, mais fanatiques.* Qu'avait donc à faire la République avec ses ennemis battus d'avance? Elle n'avait qu'à les laisser venir. Ce n'était pas à elle à faire les premiers pas; c'était à eux de se rapprocher d'elle, à eux de se courber devant son insurmontable nécessité. S'ils étaient trop exigeants, s'ils levaient trop haut la tête, la République, cette République, qui avait l'ambition d'être modérée, possédait de quoi les abattre; elle tenait en réserve ce que M. Benjamin Constant appelait *son artillerie cachée;* elle ferait sortir de terre les vieilles bandes révolutionnaires, depuis quelque temps silencieuses, toujours frémissantes dans l'ombre. Et le publiciste traçait de ces bandes une description qu'on peut citer encore, parce qu'elle répond, hélas! à quelque laideur permanente et à quelque force sauvage de l'humanité : « Ces hommes, ou plutôt ces êtres d'une espèce inconnue jusqu'à ce jour, phénomène créé par la Révo-

[1] La brochure de M. Benjamin Constant était intitulée : *De la force du gouvernement actuel de la France et de la nécessité de s'y rallier.*

lution, à la fois mobiles et féroces, irritables et endurcis, impitoyables
et passionnés, qui réunissent ce qui jusqu'à présent paraissait con-
tradictoire, le courage et la cruauté, l'amour de la liberté et la soif
du despotisme, la fierté qui relève et le crime qui dégrade ; ces
tigres, doués, par je ne sais quel affreux miracle, d'une seule partie
de l'intelligence humaine, avec laquelle ils ont appris à concevoir
une seule idée et à reconnaître un seul mot de ralliement ; cette race
nouvelle qui semble sortir des abîmes pour délivrer et dévaster la
terre, pour briser tous les jougs et toutes les lois, pour faire triom-
pher la liberté et pour la déshonorer, pour écraser et ceux qui l'atta-
quent et ceux qui la défendent, ces puissances aveugles de destruction et de mort ont mis au retour de la royauté un obstacle qu'elle
ne surmontera jamais. »

Le gouvernement brutal du Directoire n'était pas accoutumé à être
loué par les gens d'esprit ; grande fut sa joie qu'il témoigna bruyam-
ment : la brochure de M. Benjamin Constant fut insérée comme un
document d'Etat, dans le *Moniteur officiel*. L'auteur devint pour
quelques jours un personnage en crédit ; plus tard, il fit amende
honorable de son succès, en se moquant de ses protégés et aussi de
leur protecteur : « Je ne savais pas alors, disait-il, qu'il n'y avait,
au fond, de républicains en France, que moi, et ceux qui craignaient
que la royauté ne les fît pendre [1]. »

Les réponses abondèrent ; l'ironie et l'invective ne furent pas
ménagées à l'avocat du Directoire. Le patriarche des lettrés du
siècle, le disciple et le panégyriste de Voltaire, La Harpe, amélioré
par l'épreuve et par le repentir, descendit dans la lice ; il fut sévère
pour M. Benjamin Constant, pour ce roué qui débutait comme un
étourdi, pour ce Suisse qui flattait les perturbateurs de son pays,
pour ce jeune homme qui n'avait trouvé dans son cœur que des
duretés pour les victimes et des encouragements pour les bourreaux.

Ce qu'en son vaillant écrit, plus beau que ses plus belles pages
littéraires, l'éloquent critique poursuivait et flétrissait avec le plus d'é-
nergie dans la politique des Directeurs, c'était leur conduite à l'égard
du clergé, c'était la persistance de ce qu'il appelait *le fanatisme dans
la langue révolutionnaire, ou la persécution dirigée par les barbares du dix-huitième siècle contre la religion chrétienne et ses ministres* [2] : « Vous avez rétabli la liberté du culte, disait-il aux fau-

---

[1] Ce mot est rapporté par M. Laboulaye, dans ses études sur Benjamin
Constant.

[2] C'était le titre de l'écrit de Jean-François La Harpe.—Cet écrit, imprimé
à Paris en l'an V, avait pour épigraphe le texte des psaumes : *Firmaverunt
sibi sermonem nequam :* ils se sont affermis dans l'habitude d'un langage
pervers.

teurs de la Constitution de l'an III ; oui, mais en la resserrant dans
des entraves, toutes plus vexatoires et plus injurieuses les unes que
les autres, toutes également contraires aux droits naturels que vous
faites profession de reconnaître. » Ce n'était pas l'anéantissement
de la Constitution qu'il réclamait, c'était son application ; à ses
détracteurs qui le traitaient de conspirateur, il pouvait répli-
quer : Je suis plus constitutionnel que vous ! Il distribuait à tous
les partis les conseils les plus sages. Si, hors des Chambres, quelques royalistes inconsidérés ne parlaient que de substituer immédiatement à l'anarchie une restauration monarchique dont les moyens
faisaient défaut, il les conjurait de ne pas agiter prématurément une
société amoureuse de sa tranquillité, de ne pas l'indisposer par l'appréhension vague d'une commotion stérile, de ne pas abandonner la
proie pour courir après l'ombre : « Savez-vous ce que vous faites
et à quoi vous ressemblez ? A des navigateurs dont le vaisseau
ferait eau de tous côtés, et qui, à la vue du port, voudraient aller
relâcher à cent lieues. Le port est auprès de nous : c'est la Constitution. »

Et se tournant vers les républicains qui, dans toute revendication
d'une liberté, d'une franchise, d'un droit, ne voulaient voir qu'une
attaque contre leur gouvernement préféré, La Harpe leur répétait
que c'étaient eux-mêmes, et eux seuls, qui causaient les dangers de
leur République ; eux-mêmes et eux seuls qui, peu à peu, réduisaient les plus indifférents à la déclarer incompatible avec les conditions d'une société régulière ; eux-mêmes et eux seuls qui, à force de
la mettre toujours hors la justice, finiraient par la faire mettre hors
la loi par la répulsion de la France entière. Quelle vérité dans les
pages de La Harpe ! On est étonné de les voir datées de 1797, si
peu d'années après le commencement de notre interminable Révolution ; et on n'est pas moins surpris de les relire encore, avec la
même attention douloureuse, avec la même anxiété patriotique,
après tant de ruines, tant d'inutiles leçons, tant de lugubres aven-
tures :

Y a-t-il, disait-il, beaucoup d'hommes en France pour qui la préfé-
rence donnée à un gouvernement sur un autre soit un principe raisonné
et qui puisse devenir un sentiment ? Cela n'est pas possible ; très-peu
d'hommes sont à portée de s'attacher à l'idée d'un gouvernement quelconque ; la grande pluralité n'en connaît que le bien ou le mal qu'elle en
reçoit ; très-peu se passionnent pour un roi ou pour un doge, ou pour
un Sénat, ou pour un Congrès ; mais tous veulent être bien, et se con-
tentent du bien, de quelque part qu'il leur vienne. L'inquiétude naturelle aux hommes et surtout aux Français semble quelquefois les trans-

former tous en politiques, et ils jurent alors par les noms de parti qu'on leur apprend ; mais le vertige est toujours passager, et l'homme tend habituellement au repos, comme la nature. Ignorez-vous que c'est surtout cette tendance au repos qui a fait accepter presque unanimement la Constitution ? Si vous en doutez, c'est qu'étourdis par le tourbillon qui vous entraîne, vous ne regardez pas même l'espace que vous parcourez. C'est donc dans une constitution républicaine que la nation a voulu se reposer ; et puisque c'était son premier vœu, le premier devoir des gouvernants était de réaliser et de consolider cette Constitution. L'a-t-on fait ? Vous appelez *royalistes* ceux qui l'invoquent : comment appelez-vous ceux qui la renversent ? Si je voulais jouer aussi sur les sobriquets et les noms de parti, je dirais aux *révolutionnaires*, aux *jacobins*, aux *montagnards* : il n'y a en France de *royalistes de fait* que vous seuls. J'appelle *royalistes de fait* ceux qui frayent à la royauté la seule route par laquelle elle puisse revenir. Or, quelle peut être aujourd'hui la seule espérance probable de ceux qui désirent ce retour ? Ce n'est pas la force nationale : elle est nulle pour eux ; elle est toute à la République. Ce n'est pas la force étrangère : Si les puissances liguées parviennent à recouvrer ce qu'elles ont perdu, ce sera sûrement la chance la plus heureuse pour elles, et quoique moins épuisées que nous, elles ont besoin de la paix comme nous. Entreront-elles en France pour nous donner un roi ? Le peuvent-elles ? Et même quand elles l'ont pu, le voulaient-elles ? Ce qu'elles voulaient est encore un problème à résoudre pour l'histoire. Les partisans du régime monarchique n'ont donc en leur faveur que ce seul raisonnement qui est en effet celui qu'ils font : « La royauté renaîtra de la lassitude du désordre anarchique, et la France rebutée d'être sans Constitution effective, se jettera dans les bras d'un roi. » Dès lors, quels sont ceux qui favorisent, autant qu'il est en eux, ces vœux et ces espérances ? Ne sont-ce pas ceux qu'on appelle anarchistes ?

La Harpe disait encore aux républicains de son temps : « Je vais plus loin, et je soutiens que la royauté n'a pas de plus grands panégyristes que vous, malgré tous vos serments de haine. — Comment ? Le voici. L'homme le plus entêté du gouvernement monarchique n'oserait pas dire que c'est le seul où se trouvent réellement la liberté civile, la sûreté, la propriété ; et vous le dites tous les jours. — Nous ? Oui, vous. Ce ne sont pas vos expressions, j'en conviens ; mais c'est la conséquence rigoureuse de vos paroles et de vos actions. J'affirme que toutes les fois qu'on a revendiqué devant vous les droits de la liberté, de la sûreté, de la propriété, vous avez sur-le-champ crié au royalisme. »

Mais, tout écrasante qu'elle fût, la logique de La Harpe ne pou-

vait point changer le dénoûment ; elle l'aurait plutôt précipité par la
confusion même dont elle couvrait une tyrannie chancelante. Le
nœud à trancher restait là, s'embrouillant de plus en plus ; et le
sage Malouet le dépeignait d'un trait, lorsque, les yeux fixés sur
les péripéties d'une lutte où il sentait si profondément engagées,
avec les destinées de la France, celles de tous les exilés, il écrivait,
de Londres, à Mallet du Pan, le 28 juin 1797 : « Le Directoire ne
pouvant pas gouverner les Conseils, doit ou conspirer, ou obéir,
ou périr [1]. » Le Directoire allait conspirer, ne pas obéir, et faire
périr.

VII

A la veille de l'inévitable catastrophe, quelques citoyens bien
intentionnés tentèrent une démarche suprême pour tâcher de la dé-
tourner. Membres du Conseil des Anciens et du Conseil des Cinq-
Cents, c'étaient des modérés qui s'efforçaient d'être des modéra-
teurs. Tronçon-Ducoudray, MM. Portalis et Siméon, le général
Dumas, M. de Barbé-Marbois, d'autres hommes distingués appar-
tenaient à ce groupe politique : ils avaient fait un pas de plus que la
plupart de leurs collègues de la droite, qui se contentaient de se
soumettre à la République ; ils y avaient adhéré publiquement. Pour
marquer avec netteté leur ligne de conduite, pour ne laisser aucun
nuage sur leurs dispositions légales et pacifiques, ils avaient pris le
nom de *constitutionnels*.

A plus de quarante ans de là, un des constitutionnels de 1797,
M. Siméon, devenu premier président de la Cour des Comptes et
pair de France, disait d'un autre constitutionnel, M. de Barbé-
Marbois, dont il prononçait l'éloge funèbre : « Il ne voulut être
d'aucun parti que de celui des principes de justice et d'ordre qui
sont nécessaires à tous les gouvernements pour leur durée, et aux
gouvernés pour leur sûreté. » Noble programme, plein d'élévation
désintéressée, plein aussi de périls et d'amertumes ! Ceux qui l'ont
conçu sont en butte aux jugements les plus divers ; ils semblent
doubles, parce que souvent le langage qu'ils tiennent pourrait également s'allier aux plus fières délicatesses de la conscience qui ne veut
s'asservir à aucun parti, et aux finesses les plus misérables de
l'égoïsme qui ne veut s'attacher à aucune cause. Plus d'une fois leur
marche a l'air tortueuse, alors qu'elle n'est qu'embarrassée. C'est
dans les jours de révolution, au sein de la déraison universelle, que
l'honnête homme est le plus porté à se jurer ainsi à lui-même de

---

[1] *Mémoires de Malouet*, publiés par son petit-fils, à Paris, 1874. — Tome II
de la 2ᵉ édition, p. 521.

n'écouter que la raison : c'est aussi en ces temps troublés qu'il aurait surtout besoin de s'appuyer sur des convictions fixes et des institutions fermes.

La négociation que les constitutionnels des Conseils se proposaient était singulièrement épineuse; il s'agissait de diviser le Directoire, d'y trouver ou d'y former, parmi ses cinq membres, une majorité qui consentît à ne pas déchirer la France pour des questions personnelles.

Le mode de transaction qui paraissait aux constitutionnels le plus acceptable pour les parties contendantes, le mieux fait pour amener une trève sans blesser les amours-propres, était le changement de quelques-uns des fonctionnaires les plus incriminés; ce serait l'application à l'amiable de la responsabilité ministérielle. Sans doute, le Directoire avait manifesté impérieusement qu'il entendait rester maître absolu de ses agents; pourquoi n'accorderait-il pas par bienveillance ce qu'armé de son droit légal il avait refusé? D'un autre côté les Conseils seraient touchés de cette condescendance : toujours ils avaient été unanimes à reconnaître que le Directoire devait être mis hors de cause ; qu'il était *investi d'une inviolabilité morale sans laquelle il ne pourrait gouverner*[1] ; que le malheur de la situation était dans *l'alternative cruelle qui condamnait les députés à laisser toutes les malversations impunies, ou à ébranler les colonnes de l'État par l'accusation impolitique, injuste peut-être, des premiers magistrats de la République*[2].

Le respectable M. Barthélemy, tout dépaysé dans le monde régicide où il siégeait, avait toujours désapprouvé et souvent combattu la politique de ses collègues; il était gagné d'avance à toute idée d'accommodement. Carnot lui-même y inclinait; ses instincts d'ordre, sa probité, ses souvenirs de chevalier de Saint-Louis, son tourment des pesantes responsabilités dont, au Comité de Salut public, il s'était chargé et dont il s'évertuait à se soulager, les froissements que lui avaient infligés la jalousie et la grossièreté révolutionnaires, bien des impressions différentes avaient amolli en lui le sectaire.

Avec Laréveillère et Rewbell, avec la vanité de l'un et la ténacité de l'autre, l'accord n'était pas possible ; on sentait que, par chimère ou calcul, ils ne faibliraient pas. Sous le masque de la République, Rewbell était un spéculateur adroit qui s'occupait à faire de bonnes affaires, et Laréveillère un rêveur niais qui s'occupait à faire une religion nouvelle; l'agioteur et le théophilanthrope représentaient à merveille deux types du révolutionnaire moderne.

[1] M. de Vaublanc, député aux Cinq-Cents, dans la séance du 16 prairial an V.

[2] M. de Pontécoulant, membre des Cinq-Cents, dans la séance du 13 prairial an V.

Restait un cinquième directeur, Barras; celui-là était plus accessible, ses vices offraient plus d'espérance.

D'une ancienne noblesse provençale, officier dans la marine royale où il avait bien servi, M. de Barras avait été jeté par le désordre de ses mœurs dans le désordre des événements : la Révolution l'avait trouvé criblé de dettes, ruiné par la débauche et par le jeu, brouillé avec sa famille; elle avait convenu à son dédain de toutes les règles et de tous les freins, à sa vie immorale, à son goût de l'aventure, à sa prodigieuse licence qu'il portait jusqu'à l'infamie. Peut-être cet homme, tombé si bas dans la honte et monté si haut dans les honneurs, n'était-il pas sans ressource ? Peut-être ne serait-il pas impossible d'arrêter sur une pensée droite cette mobile nature ? Barras faisait le bien comme le mal, indifféremment, avec la même légèreté insouciante, sans mérite comme sans remords, selon le vent de son intérêt qui soufflait, défendant la Reine en octobre 1789 et condamnant le Roi en janvier 1793, renversant Robespiere le 9 thermidor, et l'imitant le 13 vendémiaire. Après avoir renié les siens, voté la mort de Louis XVI, promené l'échafaud dans le Midi, exagéré la Terreur elle-même, fourni avec une prodigalité inouïe tous les gages nécessaires au développement de son atroce fortune, tous les partis savaient qu'il n'avait ni conviction ni passion; et cela donnait confiance aux honnêtes gens.

Mais une grosse difficulté menaçait de tout empêcher : la haine de Barras pour Carnot, haine vraiment insensée ! Supprimer la République, cette République en faveur de laquelle il avait fait tant de belles phrases et de si méchantes actions, ne lui eût guère coûté; ce qui dépassait les forces de Barras, c'était de se ranger à une opinion que son collègue aurait embrassée. Il n'avait que des injures pour Carnot, il le poursuivait de ses propos les plus outrageants : « Infâme brigand, lui criait-il en pleine séance de gouvernement, il n'y a pas un pou de ton corps qui ne soit en droit de te cracher au visage. » C'est d'ailleurs une particularité curieuse que cette exécration, mêlée de mépris, de tous les républicains du Directoire les uns pour les autres; elle touchait à la frénésie. L'aversion que Barras ressentait pour Carnot, Carnot la rendait avec usure à Barras : « Cet homme, écrivait-il, sous l'écorce d'une feinte étourderie, cache la férocité d'un Caligula [1]. » L'austère Carnot traitait Rewbell avec une rigueur plus amère encore : « Il paraît entièrement convaincu que la probité et le civisme sont deux choses absolument incompatibles. Il ne conçoit pas comment un homme sans reproche aurait pu se

---

[1] *Réponse de L.-N.-M. Carnot, citoyen français, l'un des fondateurs de la République et membre constitutionnel du Directoire exécutif, au rapport fait sur la conjuration du 18 fructidor an V, au conseil des Cinq-Cents, par J.-Ch.*

jeter dans la Révolution [1]. » Quant à Laréveillère, le dégoût de
Carnot n'avait plus de bornes, il était intarissable dans son expression ; c'était *un tigre* et *une vipère*, une tête *au sourire d'anthropo-
phage*, une figure *de chacun des angles de laquelle un poignard
semblait s'élancer :* « Il n'est certainement pas, disait Carnot, un
être plus hypocrite ni plus immoral que Laréveillère. La nature,
en le rendant puant et difforme, semble avoir eu pour objet de
mettre en garde ceux qui en approchent, contre la fausseté de son
caractère et la profonde corruption de son cœur [2]. » O mystérieuse
expiation des révolutions ! La royauté avait disparu après s'être
montrée à la France sous les traits miséricordieux de Louis XVI,
entre Turgot et Malesherbes ; et voilà quels maîtres la France s'était
donnés !

Qu'allait faire Barras ? C'était la question du jour parmi les constitutionnels, question de vie ou de mort pour les Conseils.

Deux personnages considérables du groupe constitutionnel,
MM. Portalis et Siméon, qui étaient beaux-frères, et qui se trouvaient, l'un, président des Anciens, et l'autre, président des Cinq-
Cents, vinrent secrètement conférer avec l'important directeur. Ils
l'avaient connu autrefois dans leur pays commun de Provence : lui,
gentilhomme mal famé ; eux, avocats de talent au parlement d'Aix.
Bien des années, d'affreux événements avaient passé, et maintenant
Barras recevait ses compatriotes au palais du Luxembourg : jouant
au despote d'Orient ; ayant ses gardes, ses courtisans, et même ses
mignons ; heureux d'être au monde ; richement habillé d'un costume
aux couleurs flamboyantes. Les graves visiteurs le flattèrent avec
dignité, ils caressèrent son orgueil, son ambition, son désir de
paraître et d'agir, tout ce qui pouvait être ennobli dans son égoïsme
démesuré : Pourquoi, lui disaient-ils, vous créer des ennemis que
vous n'avez pas ? Pourquoi attaquer des gens qui ne veulent que
vous soutenir ? Pourquoi leur faire une guerre où vous n'avez de
chance de vaincre que par l'accablant appui de ceux qui ne vous
pardonneront jamais de les avoir vaincus en thermidor ? Les bons
citoyens vous savent gré des grands services que vous avez rendus ;
confirmez et augmentez ces services : un rôle supérieur s'offre à
vous, celui de médiateur entre les partis. Au fond, en dépit de quelques vivacités de langage, l'immense majorité des Anciens et des
Cinq-Cents ne songe pas à ébranler le Directoire ; elle ne recherche
qu'une entente honorable avec lui. Que le Directoire à son tour,

Bailleul, au nom d'une commission spéciale. — Publié à Londres, année 1799,
p. 38.

[1] *Id.*, p, 194.

[2] *Id.*, p. 160 et 161.

prouve sa bonne volonté ; que par de simples changements de fonctionnaires, il donne satisfaction à des plaintes et à des vœux que les
Conseils ont exprimés sous la dictée de l'opinion publique. Le pays
est las de la guerre, il accuse l'inexpérience de M. Delacroix dans
la conduite des affaires étrangères ; remettez-les à la prudence con-
sommée d'un homme qui est votre ami plus encore que le nôtre,
M. de Talleyrand. Le pays est las de persécutions, il s'en prend aux
procédures tracassières et haineuses de M. Merlin ; remplacez-le au
ministère de la justice par un de vos collègues les plus fidèles de la
Convention, par M. Cochon Lapparent, qui, ministre de la police
depuis quelques mois, est apprécié de tous pour sa fermeté et son
impartialité. Le pays est las de l'embarras de ses finances ; appelez,
pour les gouverner, un administrateur qui, avec votre confiance, ait
celle du public. Toutes restreintes qu'elles soient, ces modifications
dans le ministère, qui laisseront intacte votre autorité, calmeront
l'irritation : le Directoire aura attesté qu'il n'avait pas un parti pris
de conflit ; son pouvoir sera consolidé par sa modération, son influence sur les Conseils accrue ; et personnellement, vous aurez tout
l'honneur de la pacification.

Barras accueillit avec plaisir les ouvertures qui lui étaient faites ;
il était charmé de l'empressement des honnêtes gens vers lui, du
sentiment qu'ils avaient de sa force, de l'éclat presque souverain
dont leurs offres venaient rajeunir sa vie usée. Sur l'observation
que, pour réussir dans le sein du Directoire, il devrait se concerter
avec Carnot, le vieil homme avait bondi, jurant que jamais les
votes de M. Carnot et les siens ne se rencontreraient ensemble,
fût-il plus convaincu encore qu'il ne l'était de la justesse des
combinaisons proposées. Cependant, comme un enfant qu'on rai-
sonne, Barras finit par se rendre ; il promit son concours à MM. Siméon et Portalis qu'avait accompagnés pour un nouvel entretien le
général Mathieu Dumas ; il donna sa parole : Foi de gentilhomme
républicain [1].

Quelques jours après, le 28 messidor, le Directoire avait séance.
Comptant sur l'adhésion de Barthélemy et de Barras, Carnot demanda qu'il fût procédé à quelques changements administratifs
reconnus nécessaires. Rewbell l'appuya vivement : « Il est temps,
dit-il, que l'on fasse cesser la fluctuation des opinions diverses et
l'agitation des partis ; il faut sur-le-champ passer en revue les ministres et en finir. » Il insista pour que les votes fussent secrets.

Lorsqu'on dépouilla le scrutin, on trouva que les ministres des-
titués par la majorité directoriale étaient précisément ceux dont la

---

[1] *Souvenirs du général Mathieu Dumas*, t. III, p. 106.

majorité législative désirait le maintien : les ministres de la guerre et de l'intérieur, MM. Pétiet et Bénézech, qu'entourait la sympathie des Conseils, perdaient leurs portefeuilles; le ministère de la police était enlevé à M. Cochon Lapparent pour passer aux mains de M. Lenoir Laroche qui, la veille, avait tapissé les murs de Paris d'un placard incendiaire contre les deux assemblées. En revanche, les ministres de la justice et des finances si honnis étaient conservés; si M. de Talleyrand recevait la direction des affaires étrangères, c'est que lui-même s'était déjà rangé dans le camp de ceux que sa perspicacité avait jugés les plus forts.

Comme complément de ces mesures, une nouvelle d'une extrême gravité se répandit : plusieurs régiments de l'armée de Sambre-et-Meuse aux ordres de Hoche marchaient sur Paris ; ils en étaient à une distance de moins de six myriamètres, et ils avançaient toujours. C'est-à-dire qu'ils avaient franchi la limite que la Constitution elle-même avait tracée autour du siège du Corps législatif, et qu'elle avait déclarée inviolable aux soldats de toutes armes, sous peine de dix années de fers pour celui des directeurs, des ministres ou des généraux qui les aurait mandés sans la réquisition ou sans l'autorisation des Conseils !

Ce n'était plus la pacification espérée et promise, c'était la guerre, la guerre sans merci, qui s'annonçait.

Dans le cœur de Barras comme dans les conciliabules des régicides, une voix avait parlé, voix plus puissante que les réclamations de l'opinion, que les supplications pathétiques de la patrie, que l'éloquence persuasive des avocats les plus renommés : c'était la voix du passé, d'un passé encore tout palpitant. Après quelques tergiversations même sincères, ils s'étaient redit ce qu'ils s'étaient dit tant de fois : qu'il n'y avait pas de transaction possible ; qu'ils devaient vaincre ou périr : que se réconcilier, ce serait se désarmer ; qu'ils avaient besoin de rester maîtres pour rester en liberté, pour rester même en vie; que pour eux, l'autorité entière, une autorité sans relâchement ni partage, c'était la sécurité, et que la sécurité, c'était l'impunité. Le crime du 21 janvier, en qui se résumaient tous les crimes de la Révolution, formait l'arrière-pensée éternelle de tous ses acteurs. Aujourd'hui, c'était la tache, le fardeau à porter, le reproche secret ou bruyant de tout le monde ; demain, ce serait le châtiment! Ceux mêmes qui voulaient se dégager, ceux qui ne se croyaient pas obligés par l'énormité de leurs fautes à en commettre d'autres, ne s'acheminaient qu'en tremblant dans leurs voies meilleures ; ils se demandaient à chaque pas : où allons-nous? Carnot était inquiet, toujours soucieux de ne pas s'avancer trop loin, énervant par ses tempéraments et par ses atermoiement toutes ses résolutions équitables ; *le passé lui revenait* [1], comme l'écrivait un de ses alliés des Cinq-Cents, M. de Barbé-Marbois. Et un autre conventionnel repentant, Bourdon de l'Oise, s'écriait, effrayé de toutes les mesures réparatrices auxquelles il se prêtait : « A force d'être justes, nous serons tous égorgés ! »

Ce fut au souvenir de l'inexpiable journée que Barras succomba ; réflexion faite, considérant son intérêt dans toutes les conduites qu'il tiendrait, il se décida pour la Terreur : il frappa parce qu'il avait frappé ; il proscrivit pour ne pas être proscrit. Le 18 fructidor sortit du 21 janvier. Un des amis de Barras, un de ceux qui, avec Siéyès, Merlin et quelques autres, l'avaient replongé dans son passé sanglant, Treilhard, dont nous avons entendu déjà les déclamations régicides, avait abordé le général Mathieu Dumas : « Eh bien, soit ! lui avait-il dit, nous ferons tout ce que vous voudrez, vous autres constitutionnels ; nous vous laisserons détendre les ressorts, nous vous suivrons aveuglément ; nous ne stipulons de vous qu'une garantie. — Et laquelle ? — Montez à la tribune, et déclarez que, si vous aviez été membres de la Convention, vous auriez, comme nous, voté la mort de Louis XVI. » Et comme le général objectait que c'était exiger l'impossible et sacrifier la France à de vaines frayeurs : « Non, lui avait répliqué l'ancien conventionnel, la partie n'est pas égale ; nos têtes sont au jeu ; et il n'y a rien de commun entre nous [2]. » Le langage si extraordinairement naturel de Treilhard, se répétant, sous les formes les plus variées, dans toutes les villes et dans tous les villages de France, partout où s'étaient trouvés des gens qui en avaient fait souffrir d'autres, partout où quelque bien avait été mal acquis, quelque famille dépouillée, quelque innocent guillotiné, composait une clameur furieuse qui commandait l'audace au Directoire.

Etrange fatalité de la République ! Les années se sont succédé ; le 21 janvier s'enfonce dans l'ombre des siècles ; nos révolutions particulières passent et repassent, avec le flot incessant de leurs calamités et de leurs destructions nouvelles, sur notre première révolution. L'impression ne s'est pas effacée ; elle ne s'efface pas. Ce que la République apportait à ses débuts, elle le ramène toujours ; elle n'est jamais revenue sur notre terre de France sans susciter jusque dans les profondeurs de la nation ce désaccord entre les enfants du même pays, ces contradictions sociales et morales plus encore que politiques, ces querelles qui ne finissent que violemment. Les plus louables efforts, les déclarations les plus

---

[1] *Journal d'un déporté non jugé*, etc., par M. de Barbé-Marbois. — *Introduction au Journal*, p. XXI.

[2] *Souvenirs du général Mathieu Dumas*, t. III, p. 86.

rassurantes n'y ont rien changé; le mal sévit comme autrefois, il est là, sous nos yeux, au cœur de la patrie. Carnot aimait la République, il était attaché et comme rivé à elle par quelques dates de sa vie; et pourtant l'évidence lui arrachait déjà cet aveu qui n'est que la peinture d'un phénomène toujours renaissant, phénomène tellement répété qu'il semble une loi même des choses : « Observez les Français, surtout dans les campagnes; vous verrez que chacun a formé tacitement dans sa tête deux classes entièrement distinctes de ses concitoyens; que dans l'une, il range tout ce qu'il y a d'êtres paisibles, doux, faciles à s'alarmer, aimant l'ordre et la régularité des mœurs, et que c'est là ce qu'il entend par les aristocrates; que dans l'autre, il range tout ce qui s'est armé de l'insensibilité, de l'effronterie, de l'impudeur, du sarcasme, de l'impiété, et que c'est là ce qu'il entend par les patriotes. Faites-lui faire, sans lui en dire le motif, l'énumération des uns et des autres; vous verrez si elle n'est pas presque universellement, telle que je viens de vous l'exposer [1]. »

VIII

Pris à la gorge, se voyant sous le couteau, les Conseils avisèrent à se défendre. Tous les moyens leur manquaient : en face du Directoire qui tenait tous les ressorts de l'administration; qui avait le commandement des armées, la nomination et la révocation des officiers, la distribution des garnisons, la police du territoire, ils ne pouvaient opposer que les quinze cents grenadiers commis à leur garde, et la vigilance de leurs questeurs, qu'on appelait alors les inspecteurs de la salle.

Le premier acte des Conseils fut de protester contre la marche inconstitutionnelle des troupes vers Paris : à l'illégalité d'un attentat elle joignait le mystère d'un complot. Le ministre de la guerre disgracié, Carnot et Barthélemy eux-mêmes, membres du gouvernement, affirmaient qu'ils l'avaient ignorée. La majorité directoriale simula l'étonnement, traîna en longueur, fit mine d'ordonner une enquête et de recueillir des renseignements, épilogua sur le texte invoqué de la Constitution qu'elle trouvait susceptible d'interprétations diverses, finit par déclarer qu'informations prises, tout se réduisait à un simple malentendu, à une fausse direction provoquée par l'erreur d'un commissaire des guerres : imposture qui était faite pour le commun des esprits, toujours porté à croire,

[1] *Réponse de L.-N.-M. Carnot,* etc., déjà citée; imprimée à Londres, 1799, p. 218 et suiv.

par une naïveté respectable, qu'à l'inverse des individus, les gouvernements ne mentent pas.

La réponse des trois directeurs, leur langage ambigu sous lequel perçait un dessein résolu, changèrent les soupçons en certitude, même chez les moins hostiles de leurs adversaires : « Le Directoire nous dit, observait aux Cinq-Cents un constitutionnel, M. de Pontécoulant, que cette marche des troupes provient de l'inadvertance d'un commissaire des guerres. Pense-t-il qu'il s'agisse de jeux d'enfants? Où a-t-on vu des commissaires des guerres détacher des corps de troupes d'une armée? Pourquoi diriger ces troupes sur Paris? Il faut qu'une telle énigme s'éclaircisse, et que la responsabilité ne soit pas un vain mot! »

L'émotion, l'alarme, l'indignation des Conseils allaient croître bien davantage; ils avaient cru étouffer la conspiration, et elle les enveloppait de tous côtés.

Le Directoire n'agissait même plus dans l'ombre; il réveillait pour sa querelle toutes les passions démagogiques. Avec l'autorisation de la police, les jacobins rouvraient leurs clubs dans Paris; des affiches qui les appelaient aux armes, étaient apposées sur les murs; les carrefours, les cafés, les théâtres retentissaient d'excitations contre les aristocrates. De tous les points de la France arrivaient dans la capitale une foule d'officiers réformés qui, le moment venu, serviraient de chefs aux vieilles bandes terroristes. Ce qui se passait dans Paris avait son écho partout; comme par l'effet d'une même consigne, le même mot d'ordre était donné, le même langage tenu, à la même heure, aux armées de Sambre-et-Meuse, de Rhin-et-Moselle, d'Italie. Il leur était dit à toutes que l'ennemi de l'intérieur les trahissait; que, debout dans les Conseils, la contre-révolution machinait leur perte, méditait de les humilier, d'abaisser leur drapeau devant le drapeau de l'émigration, de rétablir les privilèges de naissance, de faire rentrer dans les rangs tous les soldats passés capitaines, adjudants, généraux. C'était, dans tous les camps, une incroyable explosion de fureur; à l'exception de l'armée de Rhin-et-Moselle où Moreau garda et imposa un silence digne, les armées épanchaient leurs colères en des adresses factieuses qu'on colportait ensuite à Paris, revêtues de tous les noms que la victoire avait rendus populaires et redoutables : Bonaparte, Hoche, Bernadotte, Augereau, Berthier, Joubert, Lannes, Ney, Masséna.

Tout ce que la parole peut contre la brutalité, qui s'en moque, les Conseils le firent dans les derniers jours qu'ils avaient encore à délibérer : ce fut une fièvre législative; les projets se succédaient les uns aux autres, montrant par leur multitude même l'absolu dénûment de toute ressource effective. Prendre à partie le Directoire,

le décréter d'accusation, suspendre et arrêter Rewbell et Laréveillère, surtout l'infâme Barras ; enlever à ce gouvernement coupable
les prérogatives qu'il tournait contre la paix publique, celle de faire
manœuvrer les troupes à sa convenance, celle de fixer et de changer
la résidence des garnisons, celle de régler arbitrairement la retraite
d'emploi et les privations de grade dans l'armée, celle de proclamer,
de son autorité privée, l'état de siège dans les communes ; ne pas
laisser aux directeurs la surveillance exclusive de la gendarmerie
qu'ils avaient imbue de leur esprit et remplie de leurs créatures ;
mettre en dehors de leurs attributions militaires et politiques la ville
de Paris, ou du moins la rive droite de la Seine, où s'assemblait
aux Tuileries la représentation nationale ; investir le Parlement
d'une entière souveraineté dans son enceinte constitutionnelle, avec
des tribunaux spéciaux pour juger les infracteurs, avec des peines
terribles pour les frapper ; au besoin, transférer le séjour des Chambres en province, loin de la capitale ; en attendant, fermer les clubs,
empêcher les officiers réformés de toucher leur solde ailleurs qu'au
lieu de leur domicile où ils seraient ainsi contraints de retourner et
de rester, interdire et punir les adresses rédigées sous les drapeaux :
toutes ces motions et d'autres encore furent lancées ; plusieurs allè-
rent jusqu'à la discussion publique ; quelques-unes mêmes, les
moins irréalisables, furent adoptées au scrutin.

Mais les votes une fois recueillis, ceux qui les avaient émis, re-
tombaient sur l'inexorable question : ce que nous avons voté, comment l'exécuterons-nous ?

Dans cette détresse, alors que tout se dérobait et sombrait, les
constitutionnels, ne sachant où se prendre, revenaient à l'idée patriotique qui les avait si cruellement déçus ; ils faisaient un appel
suprême à la sagesse des deux pouvoirs, à leur réconciliation par
quelques concessions réciproques : « Que le Directoire, disait le
général Mathieu Dumas dans un rapport présenté aux Anciens, que
le Directoire s'unisse franchement au Corps législatif ; qu'il puise sa
force à sa véritable source. Elle est ici ; qu'il se persuade qu'il y a
cessation de gouvernement toutes les fois que les autorités sont di-
visées entre elles ; que des ministres sans considération sont des ministres sans influence ; qu'ils ne rencontrent que des obstacles là où
d'autres auraient trouvé du secours ; que la paix ne pourra s'obtenir
que par l'union intime et constante des premières autorités. » Erreur
d'honnêtes gens attardés ! Ces recommandations si correctes, ces
leçons si sensées n'étaient plus qu'une phraséologie intempestive.
Tout chargé de ses nouveaux méfaits, pour son règne tel qu'il l'avait
conçu, le Directoire mettait son gain à ne pas se réconcilier ; il avait
besoin d'exterminer.

Après les constitutionnels, ce fut le tour des conventionnels modérés : eux aussi poussèrent un cri suppliant pour la concorde ; eux aussi furent éconduits ; et comme les autres, ils étaient déjà marqués pour la proscription. Dans le salon de Mme de Staël, en présence de M. Benjamin Constant, de plus en plus entraîné dans sa honteuse campagne, Thibaudeau disait, avec l'accent le plus touchant, à ces étranges confidents du Directoire : « Si le Directoire veut adopter un plan de conduite concerté avec les constitutionnels, je lui réponds d'une immense majorité dans les Conseils. Je ne me jetterai point avec lui dans une nouvelle révolution. J'aime mieux être victime de mon respect pour la Constitution. Le Directoire peut décimer la représentation nationale, mais il portera un coup mortel à la République et à lui-même. » Les deux interlocuteurs n'osèrent même pas rapporter cette conversation à leurs amis dont ils connaissaient la pensée ; et, pleurant sur sa République vouée à l'opprobre, voyant que décidément elle ne pouvait vivre avec la justice, le régicide inconsolable écrivait dans des notes intimes : « Il n'y a plus que mort et avilissement. Que faire ? Rien ; le crime triomphe. Républicains vertueux, enveloppez-vous[1]. »

Sur les bancs de la majorité des Cinq-Cents siégeait un homme en qui s'était réfugié le dernier espoir de la résistance, l'égal des illustres capitaines dont la voix lointaine paraissait si menaçante, le conquérant de la Hollande, le général Pichegru : parmi ses vieux soldats, dans le prestige de sa gloire encore intacte, ne trouverait-il pas la force qui défendrait les Conseils ? Désarmé lui-même, sans commandement, Pichegru proposa, dans un vaste plan de réorganisation des gardes nationales, le rétablissement de la garde nationale de Paris, que la Convention avait dissoute après les journées de vendémiaire. Imitée de nos antiques milices urbaines, primitivement formée sur leur modèle et avec leurs éléments, appuyée sur des compagnies d'élite où figuraient les bourgeois et les notables, la garde nationale parisienne avait, depuis le commencement de nos troubles, montré un caractère plus conservateur que l'armée, toute frémissante encore des passions, des intérêts, des grands changements introduits par la Révolution dans la société militaire comme dans la société civile.

Le Directoire ne voulait pas même donner à sa victoire les faux semblants d'une lutte ; il laissa les projets de garde nationale s'agiter dans le vide, accéléra l'arrivée de troupes nombreuses et sûres, mit à leur tête le général Augereau. C'était bien le chef que méritait l'entreprise ; enfant du faubourg Saint-Antoine, devenu un héros dans les champs d'Italie et au pont d'Arcole, resté un jacobin mal-

---

[1] *Mémoires* de Thibaudeau, t. II, p. 247 et 267.

gré les panaches qui couvraient son chapeau et les bagues qui chargeaient ses doigts, hâbleur, pillard, intrépide, Augereau, dont Napoléon fit un maréchal de France et un duc de Castiglione, disait aux Parisiens, le juron à la bouche et en brandissant son sabre : « Je suis ici pour tuer les royalistes. »

Ainsi la crise s'acheminait à son terme ; elle est pénible à considérer : c'est toujours la même chose ; c'est le spectacle que notre siècle a tant vu, celui des honnêtes gens aux abois. Les paroles, les démarches, les allées et venues se croisent encore et résonnent dans l'air : le fond des cœurs est morne, la déroute y est entrée ; c'est une agonie ! On se sent perdu, écrasé d'avance sous l'indiscutable supériorité que, dans les révolutions, les violents ont toujours sur les citoyens tranquilles, et les coquins sur les citoyens vertueux. Les plus sagaces n'ont plus de pénétration que pour mieux sonder le néant où ils se débattent et s'enfoncent ; les plus fiers n'aspirent qu'à tomber avec honneur ; si quelque cri de folie héroïque s'échappe d'une poitrine oppressée, il expire dans le silence. Écoutez les discours qui se tenaient à la date des 16 ou 17 fructidor de l'an V ; y a-t-il près d'un siècle qu'ils étaient sur des lèvres humaines ? Et ne reviennent-ils pas périodiquement retentir à nos oreilles comme un écho monotone ? Quelques députés qui vont être proscrits, conversent ensemble ; l'un dit qu'on ne peut se laisser égorger, qu'il faut prendre l'offensive, ne pas attendre l'attaque des directeurs, les frapper eux-mêmes avec les grenadiers du Corps législatif et tout ce qu'on réunira de braves volontaires : « La Constitution suffira pour nous défendre, répond un des auditeurs. — La Constitution, réplique impatienté le général Willot, ne peut rien contre des canons, et ce sont des canons qu'ils opposeront à vos décrets. — Les soldats ne seront pas pour eux. — Les soldats sont à celui qui les commande ; si vous ne vous décidez, vous êtes perdus. — L'attaque du Directoire est une entreprise trop périlleuse, fait remarquer un membre. — Ce n'est même pas une redoute à emporter, reprend Willot, et je m'en charge. » Bourdon de l'Oise, qui défendait sa politique nouvelle avec son vocabulaire et ses procédés du temps de la Terreur, appuye chaudement le général : « Vous ne repousserez pas les baïonnettes avec une cuirasse de papier. Je ne connais qu'un moyen, c'est d'aller sur-le-champ au Luxembourg enlever les têtes des conspirateurs. — Il est ivre [1], » s'écrie l'assistance ; et l'on se sépare, ajournant la discussion au lendemain.

Enfin, dans la nuit du 17 au 18 fructidor, un coup de canon,

______

[1] Toute cette conversation est tirée des *Anecdotes secrètes sur la Révolution du 18 fructidor* ; 2ᵉ édition, publiée à Paris et à Londres, année 1799, p. 1 et 3.

tiré à Sèvres par ordre de Barras, donna le signal ; les troupes cantonnées à Montrouge et dans la banlieue se mirent en mouvement. Lorsqu'au matin, Paris se réveilla, le château et le jardin des Tuileries, la place du Carrousel, les ponts de la Seine étaient occupés par douze mille hommes et par quarante pièces d'artillerie. Cernés de tous côtés, les grenadiers du Corps législatif avaient cédé ou trahi ; leur commandant, l'adjudant général Ramel, celui-là même qui devait si malheureusement périr, en 1815, dans les réactions populaires de Toulouse, avait essayé de les rappeler au devoir. Maltraité et empoigné, il fut mené prisonnier au Temple, où bientôt arrivèrent, arrêtés comme lui après une protestation courageuse et stérile, tous les députés qu'on avait pu saisir, Pichegru, Willot, Bourdon de l'Oise, M. de Barbé-Marbois, Tronçon-Ducoudray, le chevalier de Larue, M. Laffon-Ladebat, président du Conseil des Anciens, le général d'Auberjon-Murinais, presque septuagénaire. Le Temple ! c'était donc là que la Révolution aboutissait toujours ; dans les lieux où le Roi martyr avait souffert, une profonde et instructive harmonie voulait que les représentants de la liberté légale sous la République souffrissent à leur tour !

Dans l'après-midi, tout était terminé ; à part les prisons remplies et les Tuileries vides, il n'y paraissait plus. Les habitants de Paris étaient demeurés calmes ; ils se seraient à peine aperçus de l'événement s'ils n'avaient entendu caracoler dans leurs rues le général Augereau qui se pavanait dans son triomphe, escorté d'un état-major de près de quatre cents individus parmi lesquels paradaient les personnages les plus sinistres de la Révolution, tous les revenants de la Terreur, Rossignol, Santerre, Chateauneuf-Randon, Pache, Fournier l'Américain, la veuve de Ronsin en habit d'amazone.

Le Directoire avait grandement fait son coup ; il n'avait rien épargné. Avant de déchirer la représentation nationale, il s'était déchiré lui-même ; il avait mis hors la loi deux de ses membres : l'un, Carnot, put s'échapper et passa en Allemagne ; l'autre, Barthélemy, qui avait refusé d'acheter sa grâce par une démission volontaire, fut mené au Temple. Les Conseils furent décimés ; royalistes, constitutionnels, républicains, régicides, opposants de toute nuance et de toute situation, tous se trouvèrent confondus dans une proscription commune. Cela fait, par une calomnie qui se démentait elle-même, et qui, dans notre pays, ne s'est lassée jamais, le Directoire dénonça ses victimes à la haine des populations, en les accusant solennellement de comploter le rétablissement des privilèges et des vexations les plus odieuses de l'ancien régime.

Dans cette même journée du 18 fructidor, tous ceux qui, parmi les députés des deux Chambres, n'avaient pas été proscrits, reçurent ordre de sanctionner la proscription de leurs collègues. Ils n'y manquèrent pas. Ces misérables restes s'assemblèrent, non plus aux Tuileries dont les soldats barraient l'entrée, mais à deux pas du Luxembourg, sous la main et sous la verge du Directoire, dans la salle de l'Odéon et dans l'amphithéâtre de l'école de médecine. Quelle séance ! La peur était sur les visages que n'animait pas de sa lueur fauve la basse joie de la convoitise rassurée ou de la vengeance satisfaite. Tout ce qu'on voulait fut voté. Le Corps législatif de la République française prononça la déportation contre cinquante-trois représentants ; annula les élections de députés dans quarante-neuf départements ; supprima trente-quatre journaux ; décréta la peine de mort contre tout émigré ou réputé tel, qui, dans un délai de huit jours, n'aurait pas quitté le territoire, et contre toute personne qui aurait correspondu avec un émigré ; rendit au Directoire un pouvoir discrétionnaire et illimité sur tout prêtre qu'il jugerait dangereux.

Les Conseils mutilés s'étaient déclarés en permanence pour achever sans désemparer la besogne commandée ; ils siégeaient encore, lorsque, dans une des nuits qui suivit le 18 fructidor, à trois heures du matin, le quartier du Luxembourg fut ébranlé par un grand bruit d'hommes, de chevaux, de fourgons. Les Cinq-Cents réunis à l'Odéon se levèrent et accoururent en toute hâte. C'était le premier convoi des déportés : enfermés dans quatre cages de fer dont un guichetier avait les clefs, les prisonniers du Temple gagnaient la barrière d'Enfer, en route pour Rochefort d'où ils seraient expédiés à Cayenne ; deux pièces de canon, la gendarmerie, un escadron de chasseurs, sous les ordres d'un bandit qui sortait des bagnes de Toulon, formaient l'escorte. Le cortège fit halte pendant trois quarts d'heure, pour recevoir les dernières et impitoyables instructions du Directoire. Les éclairs qui passaient dans un ciel orageux, les pots à feu qui brûlaient autour des galeries de l'Odéon, illuminaient cette scène lugubre ; par intervalles, une flamme livide et fumeuse laissait voir, à travers les grilles de leurs cachots roulants, les condamnés, généraux qui avaient remporté des victoires et conquis des provinces, négociateurs qui avaient gouverné l'État, magistrats qui avaient présidé les assemblées, orateurs qui avaient illustré le barreau et la tribune, tous pliés en deux et pressés les uns contre les autres comme des malfaiteurs.

Les députés présents considérèrent le spectacle que leur offrait le Directoire comme pour leur enseigner à être dociles et muets : la compassion, la honte, le remords se cachaient dans les âmes terrifiées, la moquerie et l'injure se montrèrent seules au dehors. Après quoi, le convoi reprit son lourd et long voyage vers le port d'embarquement ; il s'avançait à petites journées, par Orléans, Blois, Tours, Châtellerault, Poitiers, presque toujours au milieu des injures des populations. A Etampes, se voyant outragé par les hommes qui naguère l'avait acclamé député de Seine-et-Oise au Conseil des Anciens, Tronçon-Ducoudray n'y tint plus : « C'est moi, leur cria-t-il, c'est votre représentant ; le reconnaissez-vous dans cette cage de fer ? C'est moi que vous aviez chargé de soutenir vos droits, et c'est dans ma personne qu'ils ont été violés ; je suis traîné au supplice sans avoir été jugé, sans même avoir été accusé ; mon crime est d'avoir protégé votre liberté, vos propriétés, d'avoir cherché à procurer la paix à notre patrie, d'avoir voulu vous rendre vos enfants ; mon crime est d'avoir été fidèle à la Constitution que nous avions jurée. Pour prix de mon zèle à vous servir, à vous défendre, vous vous joignez aujourd'hui à mes bourreaux[1]. » Inutile éloquence ! Le silence, puis un redoublement de fureurs grossières furent la réponse qu'elle reçut ; et le généreux orateur qui avait voulu disputer Marie-Antoinette à l'échafaud, et qui avait cru à la République, s'en alla mourir dans les marais de Sinnamari, à peine âgé de quarante-six ans.

A Rochefort, les proscrits furent embarqués pour leur lieu de réclusion, où, par une préméditation avouée du gouvernement, la fièvre les attendait dans un climat dévorant. Le général d'Auberjon-Murinais, Bourdon de l'Oise, Rovère, Gilbert des Molières qui expiait par le martyre son rapport sur les finances du Directoire, eurent le sort de Tronçon-Ducoudray, ils succombèrent vite. A l'exception de MM. Laffon-Ladebat et de Barbé-Marbois, ceux que la fuite ne sauva pas, périrent ; soutenus par l'énergie de Pichegru, Barthélemy, les généraux Willot et Ramel, le chevalier de Larue, quelques autres encore, eurent le courage et la force de gagner, sur un canot d'Indien, au travers de tempêtes, de périls et de tortures sans nom, la colonie hollandaise de Surinam.

C'était pour la faction révolutionnaire, un besoin d'assaisonner tous ses crimes avec du sang de prêtre. Le vaisseau qui conduisait à la Guyane les représentants du peuple, avait été suivi par deux corvettes dans lesquelles étaient entassés à fond de cale trois cents ecclésiastiques, absolument innocents de tout, humbles d'origine et de condition, pauvres curés et pauvres vicaires de campagne, oratoriens, bernardins, capucins, religieux appartenant aux différents ordres détruits. Ceux-là ne manquèrent pas leur destination à Sinnamari ; n'ayant pu fuir, ils moururent presque tous.

---

[1] *Journal de l'Adjudant-général Ramel*, Londres, 1799, p. 31.

La journée du 18 fructidor marquait dans les annales de la Révolution une phase nouvelle : aux procédés sommaires avaient succédé les moyens détournés ; au crime cynique, le crime lâche. Lorsque le Directoire avait discuté ce qu'il ferait de ses victimes, quelques voix avaient demandé que, selon la coutume établie, on les guillotinât ; elles rappelaient que, seuls, les morts ne reviennent pas. Sur l'avis de Siéyès, la déportation en pays pestiféré fut préférée : elle opèrerait sans bruit, avec une précision égale, sur de bien plus vastes proportions ; on pourrait tuer, non plus tel ou tel individu, mais des catégories de suspects, des classes entières de citoyens, et on les tuerait sans en avoir l'air. « Un lieu sera déterminé, disait le rapporteur des lois des proscription aux Cinq-Cents, où l'on transportera tous ceux dont les préjugés, les prétentions, et, pour dire le vrai mot, dont l'existence sont incompatibles avec le gouvernement républicain. » Et le doucereux orateur ajoutait : « La nation française, toujours grande et généreuse, fera volontiers des sacrifices pour les mettre en situation de former des établissements. » Dans tous les discours prononcés, il ne fut question que de la clémence et de la sensibilité de la République. A entendre tous ces bourreaux, c'était par humanité qu'ils déportaient les honnêtes gens ; comme l'a écrit un républicain de nos jours [1], ils voulaient joindre les bénéfices du crime avec les honneurs de la vertu.

Et de même pour la police intérieure des assemblées : la farouche Convention avait éliminé en masse, par fournées, tous les membres et tous les groupes qui ne cadraient pas avec sa majorité, girondins, dantoniens, hébertistes, montagnards ; le Directoire érigea en règle l'annulation de toute élection dissidente et déplaisante. Qui n'était pas déporté était invalidé ; il n'y avait pas de milieu pour l'indépendance d'opinion, pour la franchise de la parole, surtout pour le talent que la médiocrité envieuse n'amnistie jamais. Tandis que Camille Jordan, Portalis, Siméon, le général Mathieu Dumas, l'amiral Villaret-Joyeuse, même Boissy d'Anglas, le rapporteur de la Constitution de l'an III, étaient inscrits sur la liste des déportés, M. Royer-Collard et près de cent cinquante de ses collègues étaient rayés de celle des députés.

IX

L'essai était complet ; l'espérance de soulagement et de repos que la malheureuse France avait conçue, les lueurs éparses de justice où, durant quelques instants, elle avait arrêté son regard avec un

---

[1] M. Lanfrey, dans son *Histoire de Napoléon*, t. Ier, p. 312.

si confiant abandon, étaient évanouies : « Une des obligations du gouvernement, disait le directeur Barthélemy, est de rendre la République aimable [1]. » Il la rendait, ou plutôt il la laissait atroce.

Mais du moins, cette République achetée si cher, payée au poids de tant de douleurs et d'iniquités, allait-elle devenir solide, incontestée, en possession incommutable de cette nation qu'elle tenait, comme la Furie tient sa proie? Plus de rivalité entre les pouvoirs publics, plus de conflit entre l'exécutif et le législatif; la paix s'était faite par la soumission des Conseils décapités et déshonorés. Violemment rejetés ou volontairement retirés de la scène, chassés de toutes les places, les honnêtes gens ne disaient mot; ils ne votaient même plus : à quoi bon? Leurs élus seraient encore déportés ou invalidés; abstention qui produisit un résultat bizarre et logique : les élections furent de plus en plus républicaines, et les électeurs l'étaient de moins en moins.

Le Directoire avait la toute puissance qu'il avait désirée; finances, armée, cultes, diplomatie, guerre, il pouvait désormais tout arranger et tout trancher à sa fantaisie. Pour se délivrer de ses créanciers, il organisa la banqueroute des deux tiers de la dette publique. Pour se débarrasser de ses adversaires, il ne se contenta pas de retirer tous leurs droits civiques aux nobles dont la déportation collective avait même été réclamée par les amis de Siéyès; il prit pour lui tous les droits possibles : droit de proclamer l'état de siège où il voudrait et quand il voudrait, droit de visite domiciliaire, droit de supression des journaux, droit de main-mise sur les personnes.

Le dénigrement, l'effacement systématique, la persécution des honnêtes gens furent le pivot de sa politique intérieure; c'était son inclination, c'était aussi une de ses habiletés : il y cherchait ses titres de faveur auprès des scélérats, le moyen de recueillir leurs applaudissements sans leur céder tout à fait le gouvernement. Les jacobins devenaient-ils trop exigeants et trop remuants, le Directoire les frappait de la domination dont ils l'avaient armé. Comme au renouvellement partiel de l'an VI, ils arrivaient en trop grand nombre dans les Conseils, il leur appliqua ses procédés d'épuration; il cassa ou vicia leurs élections dans vingt-et-un départements, et il exclut, en outre, trente-quatre députés dont la présence le contrariait.

Pendant ce temps-là, les fêtes ne cessaient pas : puisqu'on

---

[1] *Mémoires* de Barthélemy, déjà cités, p. 202. Les *Mémoires* de Barthélemy parurent, après son évasion de Sinnamari, sans nom d'imprimeur ni d'éditeur; au frontispice il y a une vignette où, comme une explication l'indique, sont représentées deux colonnes tronquées et mutilées, en mémoire de Barthélemy et de Carnot déportés.

tourmentait les uns, il fallait bien amuser les autres; ce n'étaient
que divertissements et réjouissances. Le Directoire ne savait qu'in-
venter pour populariser la République, pour la faire entrer de gré
ou de force dans la foi des peuples. Les anniversaires fameux, le
14 juillet, le 10 août, le 21 janvier, le 18 fructidor, étaient célé-
brés à l'égal des plus beaux jours de la patrie; par ordonnance de
police, tous les travaux étaient interrompus, toutes les maisons
pavoisées, les plus riantes couleurs étalées, la *Marseillaise* et le
Ça ira chantés dans les rues. A un signal donné, au bruit des
décharges d'artillerie, sur des estrades magnifiquement parées, les
cinq directeurs apparaissaient en manteau de pourpre; ils avaient
autour d'eux les membres des Conseils, revêtus de la toge romaine.
Malheur à qui ne serait pas satisfait! malheur à qui se tiendrait à
l'écart! tout marchand, qui aux décades, aurait ouvert sa boutique,
ou qui, le dimanche, l'aurait fermée; tout citoyen qui aurait em-
ployé ou reçu la qualification de monsieur, étaient punis de l'a-
mende, même de la prison.

Mais tout cela était vain, tant d'efforts grotesques et lugubres se
consumaient dans l'impuissance : la République était finie, elle ne
se survivait que par le mal qu'elle faisait. Personne ne s'y trom-
pait; l'incrédulité était dans les cœurs, la décrépitude dans l'institution. Ceux qui, dans leurs discours, vociféraient le plus contre
la royauté, n'avaient qu'une préoccupation, c'était de trouver un
roi, qui fût leur obligé; Barras traitait sous main avec les agents
de Louis XVIII, et Siéyès intriguait pour le duc de Brunswick ou
pour l'archiduc Charles. Misère de cette République qui ne parlait
que de son éternité! Même tragique, elle n'était pas prise au sérieux;
et toute monstrueuse qu'elle se dressait, on sentait qu'elle ne serait
jamais qu'un régime avorté.

Rien ne changerait, rien ne pouvait changer l'arrêt fatal; la gloire
elle-même y avait échoué, cette gloire des armes pour laquelle, toujours, notre pays a tout pardonné. Par un phénomène presque
unique dans notre histoire, les victoires de nos soldats ne servaient
pas le gouvernement, elles ne faisaient qu'éclairer d'une plus vive
lumière sa honte. Nos frontières agrandies jusqu'au Rhin; nos
ambassadeurs franchissant, la tête haute, le seuil des plus vieux
palais du continent; les représentants des rois, des Wasa de Suède,
des Brandebourg d'Allemagne, même des Bourbons d'Espagne,
s'empressant à l'envi dans nos murs, tous ces prodigieux succès ne
donnaient à qui que ce fût, la moindre illusion sur la solidité de la
République : « Ce ne sera pas, écrivait un observateur étranger,
une des bizarreries les moins étranges de cette époque, d'avoir vu
la République française adoptée et reconnue dans la hiérarchie poli-

tique, à l'instant où gouvernants et gouvernés s'avouent l'impossibilité de maintenir en France le régime républicain[1]. »

La France poursuivit jusqu'au bout l'instructive expérience à laquelle elle s'était livrée ; elle éprouva dans toutes ses conséquences ce que produit un régime qui n'est que le gouvernement du nombre tempéré par les coups de force. Les fureurs de 1793 avaient pu n'être qu'un orage passager ; maintenant, c'était le même principe politique qui agissait à l'état calme, dans son naturel, par son efficacité propre. Moins bouleversée à la surface, la société se décomposait à vue d'œil. Elle offrait l'image d'un monde renversé, où ce qui aurait été créé au-dessus, se trouverait dessous, et réciproquement. Partout, à tous les degrés, le pouvoir était allé, souvent aux moins capables, presque toujours aux moins dignes : en haut, les gens tarés ; en bas, les mauvais sujets. Tradition, mérite, services, gravité des mœurs et de la vie, tout ce qui est respectable, était en butte au mépris : la sûreté, la loi, l'égalité n'existaient pas pour eux. Pour les individus comme pour les situations et les fonctions, s'avilir était le meilleur moyen de se préserver. La propriété elle-même ne comptait plus, écrasée et nivelée par des emprunts forcés et progressifs qui prenaient aux riches jusqu'aux trois quarts de leurs revenus. Dans chaque localité, une caste s'était formée sous le nom de parti républicain : Caste, disait un républicain écœuré, *plus intolérable que la caste nobiliaire ;* caste, disait-il encore, *qui ne comprend que la portion la plus ignorante, la plus immorale et la plus vile de la nation*[2].

Contre le dégoût qu'elle inspirait, contre les inflexibles répugnances qu'elle rencontrait, la République se défendait avec ses armes accoutumées ; elle devait mourir comme elle avait vécu, en proscrivant. Toute défaillante, elle exhalait encore des décrets affreux ; le 24 messidor de l'an VIII, quatre mois avant le 18 brumaire, elle portait l'abominable loi des otages, par laquelle le droit était conféré à toutes les administrations de rendre les parents d'émigrés, les aïeux et aïeules, pères et mères de suspects, responsables de tous crimes et délits politiques commis dans leurs communes.

Mais à mesure que cette moribonde devenait plus horrible, la force l'abandonnait. Les proscriptions que, par une machinale habitude, elle votait toujours, ne trouvaient plus d'exécuteurs. Il avait été calculé que la loi des otages atteindrait deux cent mille personnes ;

---

[1] *Correspondance politique pour servir à l'histoire du républicanisme français,* par Mallet du Pan. — Hambourg, 1796 ; p. xlviii de l'*Introduction.*

[2] C'est M. Boulay de la Meurthe qui prononçait ces paroles au conseil des Cinq-Cents, le 19 brumaire, an VIII. — M. Boulay de la Meurthe, très-ardent républicain, avait été l'un des instigateurs du coup d'État de fructidor.

c'est à peine si elle fut appliquée, les geôliers manquant pour les victimes.

La nation entière s'était comme détachée de son gouvernement; elle ne faisait même plus attention à ce qu'il décrétait, sachant qu'il ne serait plus demain. De toutes les classes, les plus mécontentes, les plus malheureuses, les plus impatientes d'un changement, étaient les classes inférieures : elles étaient surexcitées; elles ne pouvaient plus supporter l'espèce de populace politique qui, sous l'enseigne de la République, s'était emparée de tous les emplois; elles voulaient s'en débarrasser à tout prix. Ruiné par la ruine des riches, ne travaillant plus, ne gagnant plus, fatigué de l'étourdissement perpétuel où la Révolution l'avait tenu, l'ouvrier des villes grondait comme en ses mauvais jours; beaucoup d'observateurs [1] se demandaient si, n'ayant plus ses rois, Paris, qui avait tant fait d'émeutes, n'en ferait pas une nouvelle pour acclamer un maître. Ce maître, où était-il? Qui serait-il? Qui daignerait l'être? Moreau, Macdonald, Masséna, Bernadotte, Bonaparte, les plus grands noms militaires étaient prononcés. Il y a des temps où notre mobile nation fait un crime aux dictateurs de tarder à paraître, comme, plus tard, elle leur reprochera d'avoir paru.

Alors le général Bonaparte arriva. Il avait mené sa fortune avec l'art le plus simple et le plus profond. Il déploya jusqu'au génie les deux principales qualités du politique, qui consistent à savoir attendre et à savoir agir.

[1] Entre les nombreux témoignages que nous pourrions produire, nous n'en citerons qu'un seul, absolument irrécusable : celui du célèbre Cabanis, médecin matérialiste et philanthrope, ami de Mirabeau et beau-frère de Condorcet, demeuré sous l'Empire l'un des opposants libéraux, l'un des boudeurs d'Auteuil, comme les appelait Napoléon.

Voici ce que Cabanis disait aux Cinq-Cents, le 19 brumaire an VIII : « Je puis, j'ose le dire, parler du peuple avec plus de connaissance de cause; je vois tous les jours la classe indigente et manouvrière, je la vois cette classe respectable, ou dans sa chaumière, ou dans son quatrième étage; et je puis attester avec vérité que nulle part l'horreur des lois prétendues populaires ne se manifeste avec plus d'énergie; que nulle part il ne se forme des vœux plus ardents pour le retour à un système de justice et de sécurité, que le peuple sait bien maintenant être seul capable de faire jouir tous les citoyens de la richesse de quelques-uns, et de faire circuler l'aisance dans toutes les parties du corps social. L'état des esprits en est même au point, que si le peuple ne nous voyait prendre les moyens de faire promptement, dans l'ensemble de la législation, tous les changements que son intérêt exige, le désespoir, joint au sentiment de ses droits que rien ne saurait plus désormais étouffer en lui, peut d'un moment à l'autre le soulever comme en 89, d'un mouvement suivi et spontané; mais ce mouvement, sans règle et sans but précis, ne manquerait pas de précipiter dans le même gouffre et la Constitution, et la république et la liberté. Il périrait bientôt sans doute, le tyran qu'un aveugle enthousiasme aurait investi d'un pouvoir arbitraire; mais c'en serait fait pour toujours de la grande nation... »

C'était de son camp d'Italie que Bonaparte avait assisté à la querelle du Directoire et des Conseils : il avait poussé au coup d'Etat de fructidor, tout en se réservant de le désapprouver ; il y avait poussé, parce que, travaillé déjà par ses ambitieux projets, il redoutait dans les tendances de la majorité législative un acheminement vers la restauration de notre monarchie nationale au sein de la société nouvelle, à la fois respectée et réglée. Le triomphe des trois Directeurs lui garantissait le sien dans un délai certain et rapproché. Il n'avait pas à se presser ; il était sûr d'avoir son jour, puisque la République restait aux mains des républicains : il n'avait qu'à la laisser aller, elle conspirerait pour lui. Dédaignant de se poser en ennemi, faisant le spectateur indifférent, affectant même de se désintéresser de la partie suprême qui se jouait, il s'absenta. Il voulait accroître son prestige et donner du lointain à sa gloire ; il partit pour l'Egypte, aborda les vieux rivages où Alexandre avait passé, où les fondateurs de la dynastie des Césars avaient vu mourir leurs vaincus de Pharsale et d'Actium, marcha droit devant lui, dans le fabuleux Orient, s'enfonça dans l'ombre solennelle qui tombe des Pyramides, et dans les éblouissants rayons que jette le soleil du Thabor.

Dix-huit mois après, pensant que le moment était venu, il quitta son armée, traversa la Méditerranée dont l'escadre britannique croyait avoir intercepté les routes, débarqua soudain à Fréjus. La France le reçut avec un tressaillement d'espérance qui le provoquait à ses desseins. Le conquérant de l'Italie, encore illustré par ses victoires au désert, dans la poussière de Thèbes aux cent portes, dans les champs de Nazareth, se trouva face à face avec le Directoire. Il semblait bien grand auprès de qui était si petit. Le Directoire avait descendu encore, s'il était possible : au dehors, il était battu ; au dedans, les Conseils que deux fois il avait mutilés, lui avaient rendu l'affront, en expulsant du Luxembourg trois de ses membres, Laréveillère, Merlin et Treilhard. Le général Bonaparte donna la chiquenaude dont parle Pascal. Tout croula ; le fantôme s'évanouit ; ce qui depuis longtemps avait cessé de vivre, cessa même de figurer, et la France respira. En quelques heures, sans secousse, par une justice sommaire qui n'est pour les gouvernements ni une bonne façon de finir ni une bonne façon de commencer, le soldat de la Révolution avait supprimé la Constitution de l'an III, renvoyé le Directoire et les Conseils, terminé le différend des pouvoirs exécutif et législatif de la République française, en les mettant sous ses pieds et en se mettant à leur place.

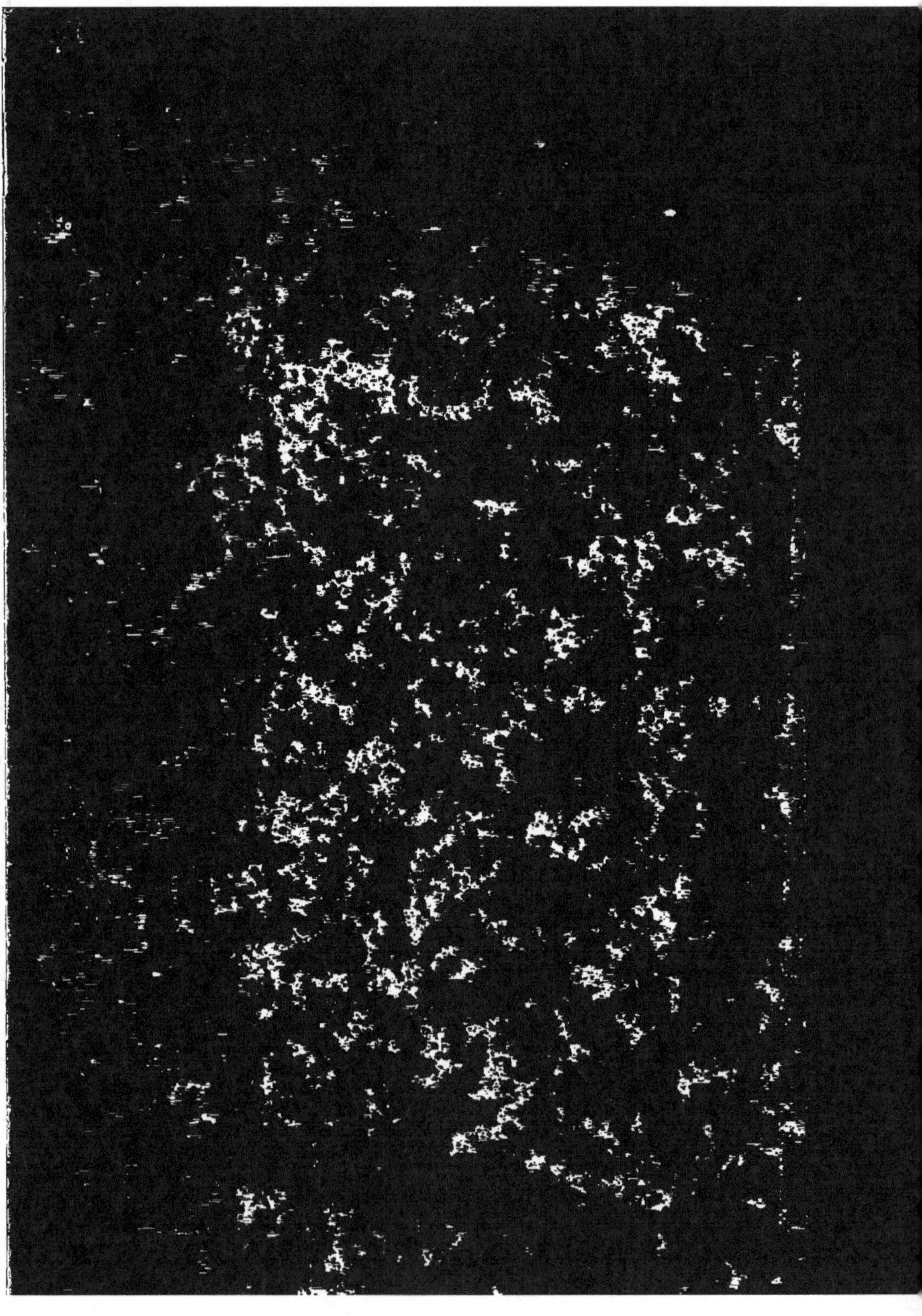